Burkhard Spinnen
Auswärtslesen
Mit Literatur in die Schule

Burkhard Spinnen

Auswärtslesen

Mit Literatur in die Schule

Eine Litanei

Residenz Verlag

Bibliografische Information der Deutschen Bibliothek
Die Deutsche Bibliothek verzeichnet diese Publikation in der Deutschen Nationalbibliografie; detaillierte bibliografische Daten sind im Internet über http://dnb.ddb.de abrufbar.

www.residenzverlag.at

Umschlaggestaltung: Ramona Scheiblauer
Typografische Gestaltung, Satz: Ekke Wolf, typic.at
unter Verwendung der Schrift Caslon
Gesamtherstellung: CPI Moravia Books

ISBN 978-3-7017-1548-0

1. Kapitel
Sie haben Ihr Ziel erreicht

Eigentlich müsste ich mir keine Sorgen machen. Die Vorbereitungen waren manchmal ein bisschen unprofessionell, es gab einiges Hin und Her, aber vielleicht ist es ja für meine Gastgeber das erste Mal, dass sie den Auftritt eines Schriftstellers in ihrer Schule organisieren. Jetzt aber ist alles bestens vorbereitet. Der Bödecker-Kreis übernimmt die Kosten; oder die Schulpflegschaft unterhält eine Kasse, aus der man mich bezahlen kann. Möglicherweise ist ein kleiner Unkostenbeitrag von den Schülern erhoben worden; in einem ganzen Jahrgang kommt ja selbst bei wenigen Euro pro Person ein passabler Betrag zusammen. Wir haben auch genau vereinbart, was ich lesen soll; möglicherweise sind sogar Texte von mir im Unterricht besprochen worden.

Es ist kurz vor Beginn der ersten großen Pause. Ich sitze noch in meinem Wagen. Er steht etwas abseits vom Schulhof auf dem für Lehrer reservierten Parkplatz, dessen Lage man mir genauestens beschrieben hat. Selbst die Anfahrt war problemlos. Spätestens seit ich ein Navigationsgerät besitze, erreiche ich jede Schule auf dem kürzesten Weg, mag sie auch versteckt im Wald liegen oder noch besser versteckt inmitten eines Neubaugebiets.

Wie gesagt: Es ist alles bestens vorbereitet. Ich sollte aussteigen und meinen Gastgebern die Sorge nehmen, ich könnte nicht pünktlich sein. Dennoch bleibe ich im Wagen sitzen, bis ich sicher bin, keine Minute zu früh zu kommen. Und ich mache mir Sorgen. Ja, zugegeben, ich bin nervös.

Um mich zu beruhigen, zähle ich mir ein paar Gründe dafür auf, warum Lesungen in Schulen doch eigentlich eine sichere Sache sind. Zum Beispiel ist die passende Infrastruktur für eine solche Veranstaltung meistens gegeben, und sie ist einigermaßen belastbar. Zumindest die Klassenzimmer sind abgeschlossene sowie einigermaßen schalldichte Räume, in denen man beim Lesen nicht allzu sehr gestört wird. Sollte das Mikro in der Aula nicht funktionieren, ist ein Hausmeister in der Nähe, oder einer der Oberstufenschüler kennt sich aus.

In einer Schule liest man auch nie vor schwach gefüllten Rängen. Man muss keine Angst haben vor einem peinlichen Gespräch mit dem Veranstalter, der im weinerlichen Tonfall mitteilt, dass er leider die Konkurrenzveranstaltung in der Stadthalle übersehen habe (Jahresabschlusskonzert der Musikschule). Weder dilettantische noch schlichtweg vergessene Werbung muss man vor halb leeren Sitzreihen ausbaden. In der Schule ist das Publikum immer vollzählig anwesend; nicht ganz freiwillig vielleicht, aber die Alternative zur Lesung würde lauten: Unterricht. Also ist der Autor selbst im schlimmsten Falle das kleinere Übel. Und im besten Falle: eine echte Sensation.

Warum also sitze ich hier im Wagen und schinde mir noch eine Minute heraus? Warum bin ich nervös und mache mir Sorgen? Knapp gesagt: Weil eine Lesung in der Schule ein Auswärtsspiel ist!

Wo immer ich sonst lese, in einer Bücherei, einer Buchhandlung oder in einem Literaturhaus, ich habe dort ein Heimspiel. Ich lese da, wo die Bücher und die Literatur zu Hause sind und wo also auch ich zu Hause bin, selbst wenn ich den konkreten Ort niemals zuvor betreten habe. Eigentlich ist es, als reiste ich nicht mit dem Zug oder dem Auto an, sondern als träte ich aus den Regalen und Bücherschränken in den Veranstaltungsraum.

Und die Zuhörer sind meine Gäste. Sie besuchen mich. Sie gehen in meine Lesung, wie sie ins Theater oder ins Konzert gehen. Für ein oder zwei Stunden bin ich ihr Gastgeber. Ich habe mich um sie zu kümmern. Ich bin für ihr Wohlergehen verantwortlich. Dafür begegnen sie mir, wie man als Gast dem Gastgeber in der Regel begegnet: mit Freundlichkeit und einer gewissen, meistens respektvollen Zurückhaltung.

Ganz anders die Lesung in der Schule. Hier bin *ich* der Gast! Ich bin aber auch, mal mehr und mal weniger, der Fremde, der Eindringling. Alle Räume, in denen ich lese, gehören der Schule und den Schülern. Besonders die Klassenräume sind oft so üppig mit Fotos, Bildern und Basteleien dekoriert, dass ich beim Betreten das Gefühl habe, eine Privatsphäre zu verletzen, und mich daher gleich ein wenig unwohl und unsicher fühle.

Der Schulraum ist ja nicht allein Lernraum, sondern mehr noch Lebensraum. Hier verbringen viele Schüler die meiste Zeit ihres Tages, hier spielt sich für sie so viel Wichtiges, Trauriges und Bewegendes ab. Hier bilden sie unfreiwillig oder freiwillig Gruppen, hier schließen und kündigen sie Freundschaften, hier arbeiten sie an Hierarchien oder leiden darunter. Sie betreten diese Räume als Kinder, die nicht weiter denken als bis zum nächsten Tag und die man kaum den Schulweg alleine gehen lässt. Jahre später verlassen sie diese Räume als junge Erwachsene mit einer unverwechselbaren Individualität und großen Wünschen an die Zukunft.

Kurz, die Schule ist der wesentliche Lebensraum ihrer Schüler. Sie ist, egal ob geliebt oder gehasst, ihr Biotop, ihre Heimat, ihr Gefängnis oder ihr Reservat. – Mir hingegen ist jede neue Schule, die ich betrete, vollkommen fremd. Ich weiß nichts von all dem, was hier geschieht. Jedenfalls nichts Genaues und Konkretes. Sicher, auch ich war einmal Schüler, aber keine dieser Schulen ist meine Schule. Ich gehe hier durch Flure und steige Treppen, die mir später nicht unzählige Male im Traum wieder begegnen werden wie die Treppen und Flure meiner alten Schule. Ich habe zwar meine eigene, mittlerweile über dreißig Jahre zurückliegende Schulzeit im Hinterkopf, aber meine Geschichte passt wahrscheinlich zu nichts und niemandem an diesem Ort. Ich bin hier ein Fremder.

Schon deshalb bin ich vor jeder Schullesung nervös wie eine Fußballmannschaft vor einem Auswärtsspiel. Doch es gibt dafür einen weiteren Grund, und der wiegt noch entschieden schwerer.

Denn auch was ich in diese Schule mitbringe, eben Literatur, ist hier keineswegs durch und durch heimisch.

Sicher, im Deutschunterricht wird Literatur gelesen. In Lesebüchern kann man auch Texten von mir begegnen. Aber auf dem Weg in den Unterricht laufen alle literarischen Texte Gefahr, sich in Stoff zu verwandeln. In Lernstoff. In einen Gegenstand des Unterrichts, der möglicherweise prüfungsrelevant und schon daher durchaus unbeliebt sein kann.

Man darf sich also nichts vormachen: Texte werden in der Schule zumeist nicht freiwillig gelesen; eher »kommen sie dran«, so wie der Satz des Pythagoras in Mathematik oder die Photosynthese in Biologie »drankommen«. Das Verhältnis der Schüler zu den Texten des Deutschunterrichts ist kaum zu vergleichen mit dem der Besucher eines Literaturhauses zu ihren Lektüren. Um es vorsichtig auszudrücken.

Überdies hängt das Gelingen oder Scheitern des Deutschunterrichts keineswegs hauptsächlich von den gelesenen Texten ab. Mindestens neunundneunzig weitere Faktoren entscheiden darüber, ob eine Deutschstunde eine Erweckung oder eine Schlafstunde, eine Offenbarung oder ein Martyrium ist. Ein hervorragender Deutschunterricht ist auch auf der Grundlage von, sagen wir, mittelmäßigen Texten denkbar; während man rund um ein Gedicht von Goethe oder Benn eine pädagogische Katastrophe anrichten kann.

Ich tue also auch als Schriftsteller gut daran, mir meine Fremdheit in der Schule nicht durch meine Nähe zum Lernstoff wegzureden. Und sind schon meine Produkte, die Texte, hier keineswegs durch und durch heimisch, so bin ich es als Autor in Person noch weniger. Ich habe das ganz unmittelbar in der Familie erfahren müssen. Etliche Jahre hat es gedauert, bis selbst meine eigenen Söhne überhaupt zur Kenntnis nahmen, dass hinter den Autorennamen auf Buchdeckeln wirkliche Menschen stecken, von den Namen über den Lesebuchstücken ganz zu schweigen. Ohne die larmoyanten Beschwerden ihres Vaters würden sie vielleicht heute noch geflissentlich darüber hinwegsehen – und damit im Grunde das Richtige tun! Denn was bei einer Begegnung zwischen einem Schüler und einem Stück Literatur im Deutschunterricht womöglich am meisten stört, das ist der Autor als Person mit Erscheinung und Lebensgeschichte, die bei der Lektüre oftmals bloß im Wege stehen und vom Eigentlichen ablenken.

Doch in ein paar Minuten wird eine solche Person leibhaftig anwesend sein. Ich werde aus einem meiner Bücher lesen, es wird eine freie Gesprächsrunde folgen, danach vielleicht ein Kaffee im Lehrerzimmer oder im Büro des Direktors. Schließlich eine Reprise der Lesung vor anderen Klassen. Mittlerweile kenne ich das alles recht gut. Seit über zehn Jahren lese ich an Schulen. Ich könnte also aufhören, mir Sorgen zu machen, und es von der professionellen Seite angehen. Ich könnte mir sagen: Lesungen sind eine gute Sache, da muss ich nicht grübeln, theoretisieren oder über Befindlichkeiten reden. Gebe ich mir nur etwas Mühe, dann habe ich mein Geld ehrlich verdient und muss mir weiter keine Gedanken übers Wie?, Warum? und Wofür? machen. So sinnvoll, lehrreich und unterhaltsam wie die beiden ausgefallenen Stunden wird mein Auftritt allemal sein.

Ich könnte also aus dem Wagen steigen, die Schule betreten, meine Gastgeber begrüßen, meinen Text lesen, plaudern, geduldig sein, ein paar Störungen aushalten oder, im schlimmsten Falle, »mein Ding durchziehen«. Also mit einem Wort: professionell sein.

Allerdings sehe ich, was manchmal lästig ist, das Professionelle immer als eine Vorstufe der Deformation! Ich kann nirgendwo und erst recht nicht an einer Schule vorlesen, nur weil man das eben so macht und damit sein Geld verdient. Dabei würde ich mir zynisch vorkommen. Ich hätte das Gefühl, meine Sache zu verraten. Eine Lesung aus meinen Texten ist für mich niemals Routine, sondern vielmehr immer wieder eine Probe aufs Exempel meiner Literatur, ja der Literatur schlechthin. Sie ist ein wichtiger Bestandteil meiner Arbeit und meines Lebens als Autor.

Vielleicht wird von daher verständlich, warum mich Lesungen in Schulen von Beginn an so sehr mitgenommen haben, im positiven wie im negativen Sinne. In der Schule und vor Schülern wird nämlich besonders intensiv herausgefordert, wenn nicht gar in Frage gestellt, was ich tue und wofür ich stehe.

Jede Schullesung ist eine neue Selbstbehauptung, manchmal sogar eine neue Selbsterfindung. Anders als bei den Heimspielen in Buchhandlungen und Literaturhäusern muss ich bei den Auswärtsspielen in Schulen auf alle Sicherheiten des Rituals verzichten. Ich lese an fremden, nicht primär für die Literatur und erst recht nicht für mich hergerichteten Orten – vom gelegentlich erscheinenden Blumengebinde einmal abgesehen. Überdies, und das ist noch wesentlich wichtiger, lese ich vor Menschen, die keineswegs allesamt mit dem Vorlesen und Zuhören vertraut sind. Ja, manchen von ihnen ist noch nie in ihrem Leben vorgelesen worden, nicht einmal vom CD-Player.

Ich lese damit auch vor Menschen, die längst nicht alle eine entwickelte Vorstellung von Sinn und Wert der Literatur haben. Bei manchen mag es daher rühren, dass sie jung sind und sich noch nicht damit beschäftigt haben. Bei anderen aber ist es womöglich bereits beschlossene Sache, dass Literatur in ihrem Leben keine andere Rolle spielen wird als die eines Schulstoffes, den man ärgerlicherweise nie so recht in den Griff bekommt.

Es kann mir also bei einer Schullesung alles Mögliche geschehen, und ich kann alles Mögliche auslösen und bewirken. Meine Texte können auf offene Ohren treffen oder ins Nichts stürzen. Ich kann verzaubern oder verärgern oder einschläfern. Ich kann Erweckungserlebnisse katalysieren oder Aggressionen wecken. Ich kann als Künstler und damit als Inkarnation einer erträumten Lebensform erscheinen oder als Repräsentant einer auf ewig verschlossenen und infolgedessen abgelehnten Kultur. Man kann mir Manuskripte zustecken und um Prüfung bitten. Oder aber penibel darauf achten, ob ich auch keinen Moment lang den Dresscode der kulturellen Korrektheit verletze, indem ich mich etwa mit meinen Texten über andere Texte oder Menschen erhebe.

Schullesungen sind infolgedessen Auswärtsspiele nicht nur für mich, sondern für die Literatur in einem umfassenden Sinne. Die Gefahr eines Verlustes aller Überzeugungen und aller Sicherheiten ist groß, ebenso die Wahrscheinlichkeit bitterer Niederlagen. Aber jedes Auswärtsspiel birgt auch die Möglichkeit eines Auswärtssieges. Und ein solcher zählt bekanntlich doppelt.

Wenn ich in der Schule lese, begebe ich mich in eine Art literarische Ur-Szene. Indem ich Kindern und jungen Menschen vorlese, belebe ich eine ursprüngliche Form der Vermittlung von Fiktionen. Literatur erscheint bei der Schullesung noch nicht unbedingt als Fixiertes, als Gedrucktes, verfasst nach den Regeln der jeweiligen Gattung. Anders als im Literaturhaus kann hier der alte Zauber des »reinen« Erzählens wieder wirken, denn viele meiner Zuhörer begreifen die Lesung noch gar nicht als Ritual der Hochkultur und setzen sich dem Gehörten vollkommen aus.

Wenn ich in der Schule lese, gehe ich zu Menschen, bei denen sich gerade erst entscheidet, ob und in welchem Grade sie die Literatur und das Lesen zu einem wesentlichen Moment ihrer Entwicklung und einem Teil ihrer selbst werden lassen. Mindestens zehn Jahre Deutschunterricht erfährt hierzulande jeder; und ich liege sicher nicht falsch mit der Vermutung, dass genau dort für die allermeisten Menschen Zeichen gesetzt und Wege zur Literatur (oder weg von ihr) gewiesen werden.

Und um es ganz pointiert zu sagen: Die Schullesung findet am wichtigsten Lebensort der literarischen Kultur statt. Alle Versuche der Alphabetisierung und »Literarisierung« von Menschen außerhalb der Schule sind wichtig und edel; aber die Schule ist und bleibt der beste Ort, um Menschen und Texte zueinander zu führen und ihre Beziehung zueinander dauerhaft zu machen. Auch ich hätte ohne meine Lehrer und ihren Unterricht nicht die Kraft gefunden, meine vage Vorstellung vom Schriftstellertum zu einem realen Lebensziel zu machen. – Das meine ich, wenn ich sage, Auswärtssiege zählen doppelt.

Doch jetzt ist es wirklich allerhöchste Zeit. Die große Pause geht gleich zu Ende, spätestens dann sollte ich am Lehrerzimmer sein. Ich muss also endlich das Auto verlassen, die momentan letzte Schutzhülle meiner Existenz als Autor beim Auswärtslesen.

Vielleicht folgen Sie mir heute? Begleiten Sie mich doch bei einer meiner Expeditionen zu den Quellen der literarischen Kultur. Ich kann Ihnen zeigen, was Sie vielleicht noch nicht kennen oder bislang nicht genauer betrachtet haben. Und wenn es Ihnen recht ist, können wir in den Fünfminutenpausen ein wenig durchs Allgemeine oder Theoretische schweifen.

Im Gegenzug würden Sie mir den Rücken stärken. Könnte ja sein, dass ich das heute mal wieder brauche. Ach was – das brauche ich immer!

2. Kapitel
Wo geht's hier zum Sekretariat?

Manchmal bin ich versucht zu behaupten, der Weg über den Schulhof und durch die Pausenhalle sei der heikelste Teil einer Schullesung, aber das opfert womöglich etwas Wichtiges für einen kleinen Gag. Natürlich komme ich stets mit heiler Haut zum Sekretariat, auch wenn mich das Kichern und Tuscheln hinter meinem Rücken und so manches am Gehabe der Schülerinnen und Schüler gelegentlich ein wenig einschüchtern.

Nein, was ich meine, ist dies: Wenn ich eine Schule betrete, dann einen in sich geschlossenen Kosmos, der mir zunächst als ein Ensemble von Bauten begegnet. Ja mehr noch, er nimmt mich in sich auf, er verschluckt mich. Und diese Bauten sind keineswegs etwas Zufälliges oder gar Nebensächliches. Sie sind vielmehr die materiale Physiognomie der Schule. Sie sind das steinerne, stählerne und gläserne Gesicht, das sie mir als dem Fremden zuwendet – und in dem ich sofort zu lesen beginne.

Nun kann ich mir vorstellen, dass die allermeisten Lehrer und Schüler die Gebäude ihrer Schule gar nicht als etwas Spezifisches oder gar Sprechendes wahrnehmen, so sehr sie auch unter deren Einfluss stehen. Das Alltägliche hat nun einmal die Tendenz, als das Selbstverständliche betrachtet und das heißt: übersehen zu werden. Ich selbst habe in den Gebäuden meiner alten Schule erst lange nach meinem Abgang etwas über ihren Charakter gelesen.

Bei einer Schullesung aber beginne ich heute, nervös und gespannt wie ich bin, auf dem Weg zum Sekretariat sofort mit der Interpretation des Gebäudes. Und das ist nicht bloß ein Spleen oder ein Spekulieren ins Blaue. Denn Orte sind wichtig. Jeder Mensch wird durch seine unmittelbare Umgebung geformt; und so ist auch das Leben in einer Schule ganz wesentlich bestimmt durch die Art ihrer Gebäude. Ich will keineswegs so weit gehen zu sagen, man könne jede Schule durch eine Lagebeschreibung und ein paar Fotos hinreichend charakterisieren. Aber fest steht für mich, dass ein nicht unerheblicher Teil des Alltags von Lehrern und Schülern darin besteht, sich an den architektonischen Eigenheiten der Schule abzuarbeiten. Nach meinen Erfahrungen teile ich die Schulen grob in drei Kategorien.

Kategorie eins bewohnt historische Bauwerke, worunter ich alle fasse, die vor dem Zweiten Weltkrieg entstanden sind. Diese Gebäude sind mir lange Zeit als völlig ungeeignet für ihren aktuellen Zweck erschienen. Die Vorstellungen von Schule, die herrschten, als man sie baute, sind heute doch allesamt obsolet. Insbesondere die wilhelminischen Gymnasialbauten wirkten auf mich geradezu abschreckend und grotesk. Nach außen hin verteidigen sie mit mehrstöckigen, turm- und erkerbesetzten Prachtfassaden einen Nimbus von Privileg und Exklusivität, den das Gymnasium längst nicht mehr besitzt. Innen hingegen präsentieren sie sich als eine Mischung aus Behörde und Kaserne.

Allerdings haben sich meine Befürchtungen, solche

Gebäude müssten das Schulleben besonders negativ prägen, nur selten bestätigt. Es scheint mir heute eher so, als seien die kulturellen und atmosphärischen Vorgaben dieser Altbauten in den Jahrzehnten ihrer Nutzung durch eben diese Nutzung abgeschliffen und damit überwunden worden. Sehr oft scheinen mir solche Schulen sogar einigermaßen liebevoll gepflegt zu werden, gewissermaßen als Gebrauchsantiquitäten. Und meistens sind sie auch robust genug gebaut, um die tägliche Belastung auszuhalten. Einen erkennbar negativen Einfluss auf den Geist der Schule habe ich selten gespürt.

Ganz anders scheint mir dies bei den Schulen der Kategorie zwei zu sein. Sie wurden nach dem Zweiten Weltkrieg als Ersatz für zerstörte Gebäude und später zur Bewältigung des Baby-Booms gebaut. Es mag paradox klingen, aber ausgerechnet diese Gebäude, die doch einen deutlichen Bruch mit überkommenen pädagogischen Vorstellungen und einen Aufbruch in die Zukunft zum Ausdruck bringen wollten, empfinde ich sehr oft als eine Belastung für die Schulen.

Denn erstens altern sie weit vor der Zeit, ohne dass dieses Altern auch nur den geringsten Charme ausstrahlen würde. Sie verrotten vielmehr bei lebendigem Leibe. Manche davon sind mir wie Kulissen für Endzeitfilme erschienen oder wie Denkmäler für das Scheitern der architektonischen Moderne und ihrer Ansprüche. Bei ihrem Bau wurden vielfach neue Techniken angewandt und Materialien verwendet, deren Haltbarkeit man wohl dramatisch überschätzte. Das gilt insbesondere für das Bauen mit Beton. Die notwendigen Renovierungen laufen heute auf extrem teure Komplettsanierungen hinaus – mit äußerst negativen Begleiterscheinungen für den täglichen Schulbetrieb. Vorausgesetzt, es sind überhaupt Mittel für eine Sanierung vorhanden.

Schon der Anblick solch maroder Bauten lastet auf dem Gemüt, auch wenn das vielen ihrer Insassen womöglich nicht bewusst ist. Doch als schlimmer noch empfinde ich, wenn sich die pädagogischen und alltagspraktischen Überlegungen, die in die Gestaltung dieser Schulen geflossen sind, als unrealisierbar oder schlichtweg falsch erweisen. Ich denke da zum Beispiel an die Foren, riesige Mehrzweckräume inmitten des Baukörpers, die oftmals an die Stelle der traditionellen Aula traten. Aus ihnen spricht der Zeitgeist der sechziger und siebziger Jahre mit seiner Forderung nach Offenheit und Transparenz. Doch in der Schulpraxis eignen sich viele dieser Foren für alles und gar nichts.

Um Musikdarbietungen oder Theatervorstellungen darin inszenieren zu können, muss man ihnen die traditionellen Elemente wie Bühne und Zuschauerraum umständlich implantieren. Die vielbeschworene Offenheit bewirkt, dass man keinen geschützten Raum für die Protagonisten und ihre Zuschauer anbieten kann. Eine meiner letzten Lesungen im Jahr 2009 fand in einem solchen Forum statt, das demnächst mit gewaltigen Mitteln zur Aula zurückgebaut werden soll. Noch aber zogen während der Fünfminutenpausen nomadisierende Mittelstufenklassen durch die Veranstaltung. Ohne eine Lautsprecheranlage, mit der man auch ein Popkonzert hätte realisieren können, wäre eine Lesung schier unmöglich gewesen. Über die Atmosphäre, in der diese Veranstaltung stattfand, möchte ich allerdings lieber schweigen. Einer Stimme, die sich nur mittels Verstärkertechnik gegen diffuse Störgeräusche durchsetzt, würde auch ich nicht gerne zuhören.

Mittlerweile sind übrigens Tausende von Großraumbüros in der privaten Wirtschaft, allesamt Resultate des gleichen Zeitgeistes, wieder zu Arbeitsstätten umgebaut worden, die dem Individuum ein Minimum an Privatsphäre zugestehen und für Teams einen Ort der Konzentration schaffen. Derweil werden noch etliche Schülergenerationen die Bewusstseinsmode der Foren-Architektur absitzen müssen.

Manchmal bedrücken mich auch eher unscheinbare Details. Gut gemeint war es sicher, die Flure mit fest eingebauten Wandvitrinen zu versehen. Die sollten wohl das Erscheinungsbild solch nüchterner Räume verbessern und auch in den Durchgangsbereichen des Gebäudes eine angenehme Atmosphäre schaffen. Auf der Zeichnung des Architekten mag das ja tatsächlich als Auflockerung erschienen sein. Trostlos aber wirken zumindest auf mich all diese Vitrinen, die erkennbar nur gefüllt sind, weil sie gefüllt sein müssen, um nicht wie leere Gräber zu wirken (die ich allerdings auch gesehen habe). Für gewöhnlich finden hier serielle Produktionen aus dem Kunstunterricht ihre letzte Ruhestätte. Im Vorbeigehen muss ich mir immer vorstellen, wie die expressionistischen oder kubistischen Masken eines Kunstleistungskurses noch immer die vorbeiziehenden Fünft- und Sechstklässler anglotzen, wenn ihre Hersteller sich bereits in der ersten Familienphase befinden. Und ich kann nicht genau sagen, warum: Aber diese Vorstellung deprimiert mich.

Schließlich bewirken auch die ganz handgreiflich alltagspraktischen Überlegungen dieser Architekturgeneration nur zu oft das Gegenteil des Beabsichtigten. Ich muss hier noch einmal vom Beton reden. Wer Wände absichtlich so gestaltet, dass sie einen Tritt vertragen, lädt dazu ein, sie zu treten. Viele der Schulbauten aus den sechziger und siebziger Jahren haben Modernität mit ästhetischer Grausamkeit und Funktionalität mit der Abstoßung ihrer Bewohner verwechselt. Sicher sollte ein Schulflur nicht mit Raufaser beklebt oder mit sensibler Wischtechnik bemalt werden. Aber Schulen, die sich den Nimbus des Unkaputtbaren geben, strahlen eine dumpfe Aggressivität aus und ermuntern letzten Endes die Schüler, einmal die Probe aufs Exempel zu machen.

Bleibt noch die dritte Kategorie, Schulen, die in den letzten zwanzig Jahren entstanden sind. Viele sind das wahrlich nicht, ich könnte an einer Hand abzählen, welche davon ich in den letzten Jahren besuchen durfte. Diese Schulen haben mir nicht alle gleichermaßen gut gefallen, aber sie machen mir Hoffnung, dass es einen wirklichen Fortschritt im Nachdenken über angemessenes Bauen für den Lehrbetrieb gibt. In der Gesamtschule Wuppertal-Barmen, deren Gebäude 1998 fertiggestellt wurde, hätte ich mich beinahe um eine Stelle als seiteneinsteigender Lehrer beworben.

Ich habe meine Architekturphysiognomik hier so ausführlich referiert, weil die Gebäude und die Zeichen, die sie aussenden, mich vor jeder Lesung wieder auf einen Grundsatz einstimmen, der sich durch alle meine Überlegungen zum Thema »Literatur in der Schule« zieht. Er lautet: *Schulen sind Inseln*. Keine Schule sieht aus wie die andere; und keine ist wie die andere. Auf das erste und deutlichste Spezifikum des Gebäudes folgen andere Eigenheiten. Jede Schule hat einen Charakter. Mag sein, dass er vom Gebäude oder der geographischen oder der sozialen Lage der Schule geprägt ist, mag sein, dass er sich gegen all dies auflehnt oder sogar durchsetzt. Immer aber bleibt dieser unverwechselbare Charakter erkennbar in allem, was die Schule macht und was sie ausmacht.

Wenn ich also Literatur in Schulen trage und wenn ich im Folgenden darüber nachdenke, was Literatur in der Schule und im Unterricht leisten sollte, dann möchte ich dabei für einen Abschied von der Vorstellung plädieren, es gebe hier Patentrezepte und Patentkonzepte mit universeller und garantierter Wirksamkeit. Meine Erfahrungen haben mich vielmehr gelehrt, Schule als ein komplexes Gefüge von Faktoren zu begreifen, deren jeder das Ganze entscheidend bestimmen oder gar als Nullfaktor alles zunichtemachen kann.

In den letzten Jahren ist die Bildung von der Politik und der Wirtschaft gleichermaßen als Zukunftsthema erkannt worden. Die Folge waren und sind raumgreifende Diskussionen über Schultypen und Unterrichtsmodelle. In jedem Landtagswahlkampf treten Parteien mit dem Anspruch auf, das Schulsystem komplett neu und natürlich viel besser erfinden zu wollen. Mir erscheinen solche Vorstellungen und Absichten als unangemessen und undurchführbar. Die politisch-theoretischen Konzepte versuchen durch Generalisierungen und Abstraktionen die ungemein vielgestaltige Realität der Schule zu nivellieren, um sie anschließend normieren und regieren zu können. Diesen Ansatz halte ich für grundfalsch. Es ist daher ein besonderes Anliegen meines Erfahrungsberichtes, einmal anders über ein Segment von Schule zu sprechen, nämlich über den Deutschunterricht und speziell über den Umgang mit Literatur. Ich will keine Konzepte oder Modelle mit Wirkungsgarantie vermitteln, sondern möchte versuchen, einen Kern oder ein Eigentliches dieser Veranstaltung beim Namen zu nennen, etwas, von dem man vielleicht alle Konzepte und Modelle ableiten kann.

Aber davon später mehr, denn jetzt kommt der Lehrer, der mich eingeladen hat.

3. Kapitel
Wir haben gemailt

Der Lehrer, der mich eingeladen hat, ist übrigens in mehr als neun von zehn Fällen eine Lehrerin. Und so sehr ich mich in jedem Fall darüber freue, wenn jemand einen engeren Kontakt zu mir und meiner Arbeit sucht, so bestürzend finde ich diese Quote. Der Anteil von Frauen in den Kollegien der weiterführenden Schulen liegt heute bei etwa 50 Prozent, in den geisteswissenschaftlichen Fächern ein wenig darüber. Also sollten, statistisch gesehen, mindestens vier von zehn meiner Gastgeber männlich sein. Nach meiner Erfahrung sind es eher vier von 100.

Nun mag es viele verschiedene und ganz individuelle Gründe dafür geben, warum Lehrerinnen eher als Lehrer bereit sind, über das Curriculum hinaus Literatur in ihren Unterricht einzubinden. Doch diese Gründe interessieren mich hier weniger. Wichtig erscheint mir allerdings, was sich in diesem Phänomen vermittelt. Und zwar dies: Literatur ist heute an Schulen stillschweigend mit der Prägung versehen, sie sei »weiblich«. Literatur hat das Image eines »weichen« Gegenstands, ganz im Gegensatz etwa zur beinharten Mathematik. Sie gilt als etwas tendenziell Luxuriöses oder Kokettes oder Sentimentales. Als etwas eher Nachgiebiges, dabei aber auch Flüchtiges, Ungreifbares und Widerspenstiges.

Ich weiß, das sind sehr klischeehafte Attribute des Weiblichen. In Kreisen aufgeklärter und emanzipierter

Intellektueller werden sie zu Recht abgelehnt und wird ihre Verwendung scharf gerügt. Aber Achtung, wir sind jetzt in der Schule! Wir sind unter lauter sehr jungen Menschen, die das, was sie prägt, eher einatmen und aufsaugen als wahrnehmen und reflektieren. Wir sind unter Jungs und Mädchen, die sich demnächst erst – wenn überhaupt – durch die gängigen Holzschnitte des »Männlichen« und »Weiblichen« hindurch zu einer differenzierteren Sichtweise vorarbeiten werden. Und bis dahin werden sie von dem Umstand, dass fast immer Frau Müller und nur ganz selten Herr Schmidt einen Autor einlädt, in ihrer Sicht auf Literatur hochgradig beeinflusst. Sprich, für sie ist Literatur »weiblich«.

Und wenn wir uns einmal ganz unaufgeregt auf die Holzschnitte einlassen, dann ist das ja auch – wohlgemerkt: als Metapher! – gar nicht so falsch. Es gibt in der Literatur nicht dieses Streben nach Eindeutigkeiten wie in der Mathematik und den Naturwissenschaften (soweit sie in der Schule gelehrt werden). Es gibt nicht dieses Ideal des Objektiven, keine Formeln und Gesetze, die man auswendig lernen und dann auf jeden Einzelfall rigoros anwenden kann. Es gibt in der Literatur vielmehr Anschauungen und Perspektiven, es gibt Undeutlichkeiten und Mehrdeutigkeiten; und es gibt einen gefährlich subjektiven Faktor: das Bewusstsein des Lesers, in dem der Text sich ganz individuell realisieren kann, ja muss. Wer mit Neuntklässlern zusammen ein expressionistisches Gedicht interpretiert, der weiß, wie dieses »Weibliche« (nicht nur von Jungen!) wahrgenommen werden kann: als irritierend, rätselhaft, abweisend und fremd. Und natürlich auch als Attraktion, als Verlockung. Es ist daher immer wieder die Aufgabe des Deutschunterrichts, den besonderen Reiz von Fremdheit und Irritation sowie die Anregung zu vermitteln, das Rätsel des Textes als das Rätsel der eigenen Existenz zu verstehen.

Leider prägt nicht diese Bedeutung von »Weiblichkeit« das Image der Literatur an Schulen, sondern eine sehr klischeehafte, die der Ansicht Vorschub leistet, das Interpretieren von Texten sei eine luxuriöse Spielerei und letztlich nichts, das man fürs (Erwerbs)Leben dringend brauche. Aber das ist ein gewaltiger und gefährlicher Irrtum! Denn insofern Literatur aus nichts als Sprache besteht, hat sie eine große, ja eine körperliche und existentielle Nähe zu jedem Menschen. Die Sprache ist die Natur des Menschen; sich mit ihr zu beschäftigen heißt Naturwissenschaft in einem ganz emphatischen Sinne zu treiben.

Man kann ein normales Leben führen, ohne mehr Mathematik zu praktizieren als das kleine Einmaleins. Man kann ein passabler Koch sein, ohne viel über organische Chemie zu wissen. Ach, wie viel mühsam erlernte Sachkenntnis sinkt nicht nach der Klassenarbeit oder nach dem Schulabgang in den Orkus des Vergessens, ohne dass dadurch das Leben des Vergessenden ernstlich beschädigt würde. – Aber die Kenntnis und Beherrschung der Muttersprache sind ein lebenswichtiger Bestandteil jeder Existenz. Defizite im Sprechen stehen in einem dialektischen Verhältnis zu Defiziten im Denken und beeinträchtigen die menschliche Existenz in ihrem Kern.

So betrachtet, sind die Gegenstände des Deutschunterrichts überhaupt nicht »weiblich« in jenem schrecklich verkürzten und entstellten Sinne von weich oder luxurierend. Es sind vielmehr die härtesten. Oder anders gesagt: Der Deutschunterricht beschäftigt sich mit den Voraussetzungen für alles Lernen. Denn Lernen heißt Verstehen; und Verstehen heißt immer: Sprache verstehen. Eine umfassende Sprachfähigkeit ist die Voraussetzung für den Erwerb aller anderen Fähigkeiten, ja für ein gelingendes Leben schlechthin. Selbst wenn der Sportlehrer die Schulmannschaft trainiert, besteht seine Arbeit im Wesentlichen aus Reden und die seiner jungen Sportler aus Zuhören und Verstehen. Auch der Weg in Arme und Beine führt durch den Kopf.

Und deshalb ist es fatal, dass Literatur in der Schule dieses triviale Image der »Weiblichkeit« trägt. Ich weiß, ich laufe hier dauernd Gefahr, gegen politische Korrektheiten zu verstoßen. Ich bitte daher herzlich, mich nicht misszuverstehen. Nicht das Weibliche an sich ist das Problem, auch nicht das metaphorisch »Weibliche« an der Literatur, im Gegenteil: Immer wieder haben Autoren und Autorinnen die Sprache sehr emphatisch als etwas Weibliches aufgefasst, das sie wie eine Frau verehren und umwerben. Ein Problem aber ist das »Weibliche« als das angeblich Nicht-Präzise, Nicht-Strenge, Nicht-Fordernde.

Wenn nun in Schulen fast ausschließlich Lehrerinnen sich um eine intensivere Präsenz von Literatur im Deutschunterricht bemühen, so schleicht sich ein ebenso trivialer wie leider wirkungsvoller Kurzschluss in die Schulpraxis. Denn indem sie, ohne das hinterfragen zu können, die Bemühung um Literatur als »frauenspezifisch« erfahren, geht allen Schülern, insbesondere aber den Jungen, eine ganze Dimension der Literatur und ein Großteil ihrer Wirkung verloren.

Ich wiederhole mich: Schule prägt, oft schweigend. Vorurteile und Missverständnisse, die in der Gesellschaft sowieso schon frei flottieren, werden im Schulalltag durch symbolische Akte schnell verstärkt und möglicherweise zementiert. Wer von der fünften bis zur zwölften Klasse erfährt, dass sich Frau Müller und nicht Herr Schmidt ums Literarische im Unterricht besonders bemüht, der läuft besonders als Junge Gefahr, Literatur gerade nicht als das zu verstehen, was sie ist: als eine existentielle Herausforderung und als Probe auf die Fähigkeit zur Ausprägung der eigenen Individualität.

Ja, zugegeben: Dies ist ein Appell an die Deutschlehrer! Es ist nicht »besser«, wenn Herr Schmidt statt Frau Müller den Autor X einlädt. Aber es ist sehr wichtig, besonders für die Jungen, dass Herr Schmidt bei solchen Initiativen nicht durch sein Zurückstehen falsche und fatale Signale aussendet.

Und ich gehe, auf die Gefahr hin, mich bei den männlichen Lehrern vollends unbeliebt zu machen, noch einen Schritt weiter, wenn ich mich jetzt traue, meine Erfahrungen mit meinen Gastgeberinnen auf deren pädagogische Arbeit hochzurechnen. Nach meinem Dafürhalten weist die Einladung eines Autors in die Schule oder in die Klasse auch auf ein besonderes Engagement im Unterricht. Ich würde nicht alle meine Gastgeberinnen in Bausch und Bogen als überragende Lehrkräfte bezeichnen wollen, dazu fehlt mir die Einsicht in ihre tägliche Arbeit. Aber ausnahmslos allen war anzumerken, dass sie sich übers Notwendige und Vorgeschriebene hinaus Mühe gaben, ihren Unterricht zu gestalten. Und wichtiger noch: Alle vermittelten mir, dass sie in den Jahren der pädagogischen Praxis und über alle professionellen Deformationen hinweg das Eine, das Elementare, nicht verloren hatten: die Liebe zur Literatur.

Doch dieses Thema ist, wie gesagt, heikel. Und jetzt ist auch nicht einmal mehr Zeit für etwas Smalltalk mit meiner Gastgeberin. Denn gleich wird es zur dritten Stunde klingeln, und vom Lehrerzimmer bis zum Klassenraum im Neubautrakt ist es ein ziemlich weiter Weg.

Soll ich meinen Mantel lieber mitnehmen? Gut, dann mache ich das.

4. Kapitel
Zweites Klingeln

Unterwegs durch das Gebäude, Treppen hinauf, Flure entlang, drücke ich, der ich eben so gezaudert habe, jetzt ein wenig aufs Tempo. Findet die Lesung in einem Klassenraum statt, so betrete ich ihn nämlich gerne als Erster, möglichst ein oder zwei Minuten vor den Schülerinnen und Schülern. Diese kurze Zeit nutze ich, um auf diesem fremden Boden einen etwas festeren Stand zu gewinnen. Meine Tasche lege ich auf den Tisch, das Buch daneben. Die Wasserflasche stelle ich auf den Boden, sicherheitshalber, damit mir kein Slapstick-Malheur passiert. Den Mantel lege ich auf den Overhead-Projektor oder auf die Fensterbank. So besetze ich immerhin ein wenig von dem auswärtigen Terrain. Schließlich rücke ich, falls sie nicht schon so stehen, die Bänke der Schüler derart zurecht, dass ich durch einen Mittelgang die gegenüberliegende Wand erreichen kann. Warum das, davon später mehr.

Denn jetzt sollte ich in möglichst lockerer und selbstverständlicher Haltung auf meinem Platz sitzen, weil gleich die Schüler ihre Klasse betreten. Wie sie das tun, kann man als etwas Alltägliches oder Formloses sehen, beziehungsweise übersehen. Man kann es aber auch wie ein Schauspiel betrachten, besser wie eine Art Ausdruckstanz.

Es klingelt, sie strömen herein. Und es ist wirklich ein Strömen, eine Bewegung als Ganzes, zusammengesetzt aus 25 oder 30 Einzelbewegungen, aber mehr als die Summe ihrer Teile. An der Art, wie eine Klasse hereinkommt und ihre Plätze einnimmt, kann ich schon viel von dem ablesen, was mich erwartet. Ich kann sehen, wie viel Miteinander hier ist, wie viel Anstrengung oder gar Aggression in der Luft liegt, wie viel Aufregung, Ignoranz oder Selbstverständlichkeit hier herrschen.

Aber ich sehe nicht nur das Ganze, sondern auch jeden Einzelnen. Und ich erlebe so, insbesondere bei den Zehn- bis Dreizehnjährigen, an immer neuen Beispielen die Prägung, die das Individuum in der Gruppe erfährt. Ich spüre, wie Rollen besetzt wurden, die es in jeder Klasse gibt, vermutlich ohne dass die Einzelnen sich bewusst sind, wie und warum sie zu ihrer Rolle gekommen sind.

Da gibt es zum Beispiel, und fast immer: die beiden Mädchen, die sich bei der Hand halten müssen; den dünnen Jungen, der auf dem Weg zu seinem Platz absichtlich stolpert; das Mädchen, das so viel auszupacken hat und dem alles gleich zu Boden fällt; den kräftigen Jungen, der ganz hinten sitzt und mürrisch guckt; den Jungen, der eine Frage an die Lehrerin hat und sich, seine Unwissenheit ausstellend, laut an die Stirn schlägt; einen, der unbedingt seinen Platz tauschen will, und eine, die eingemummt in ihrem Anorak dasitzt, als säße sie draußen in der Kälte.

Jede Klasse ist anders – aber jede Klasse baut ihre Eigenart aus einem begrenzten Standardrepertoire von Möglichkeiten zusammen. Bis alle Schüler ihre Plätze gefunden haben und es einigermaßen ruhig geworden ist, komme ich vor jeder Schullesung in den Genuss einer kurzen, szenischen Allegorie der Vergesellschaftung und des Ringens zwischen Individuum und Typus, zwischen Charakter und Rolle. Manchmal erfahre ich es als geradezu bestürzend, wie fertig und festgelegt schon Zehnjährige erscheinen können. Dann wieder schaue ich in Gesichter, die wie weiße Blätter sind.

Zudem werde ich daran erinnert, dass ich selbst und dass wir alle aus solchen Klassen kommen und in solchen Klassen wurden, was wir sind. Ich erlebe die unverwechselbare Individualität und Komplexität, auf die wir Erwachsenen uns so viel einbilden (wenn wir nicht gerade darunter leiden), zurückgeführt auf eine überschaubare Palette von Mustern.

Und eigentlich kann ich solche Reflexionen im Moment gar nicht brauchen! Ich sollte mich auf meine Lesung konzentrieren, tatsächlich aber muss ich mich gegen die andrängende Vorstellung wehren, ich sei selbst wieder zwölf oder dreizehn Jahre alt und ein Schüler dieser Klasse in dieser Schule. Während die Kinder an mir vorbeiziehen, manche scheu den Blick abwenden, andere bereits Kontakt aufnehmen, muss ich mich zwingen, nicht gleich Sympathien und Antipathien zu entwickeln oder gar angesichts dieser kleinen Komödie des Stühlerückens meine eigene Position unter ihrem Personal zu suchen.

Wer nicht Lehrer wird, verlässt mit sechzehn oder neunzehn die Schule, um nie wieder dorthin zurückzukehren. Studium und Berufsausbildung zeigen zwar ähnliche Strukturen wie die Schule, aber zwölf oder dreizehn ist man nur ein Jahr lang und dann niemals wieder. Zurück in eine Schule zu gehen, und sei es auch nur für eine kurze Zeit, ist (für mich zumindest) eine Zeitreise in die eigene Vergangenheit. Zu Abiturszeiten habe ich nicht darüber nachgedacht, in welcher Verbindung das, was ich zu sein glaubte, zu dem Prozess stand, in dem ich es geworden war. Ich sagte mir damals wohl, was man in diesem Alter gerne sagt: Ich bin, der ich bin. Und wenn es etwas gab, worüber ich mich definieren wollte, dann war es hundertmal eher die Zukunft als die Vergangenheit. Dieser Zustand währte lange. Doch seit meinen Schullesungen ist das anders geworden: Jetzt führt mich das Nachdenken über mich selbst eher wieder zurück in die Zeit und an den Ort meiner Prägung.

Leider sind das keine harmlos nostalgischen Touren, auch wenn sie mich nicht gerade in eine Pennäler-Hölle zurückführen. Meine eigene Schulzeit war eher arm an Problemen, arm jedenfalls an solchen, die man bei Elternsprechtagen hätte namhaft machen können. In der Oberstufe entwickelte ich sogar ein kleines Heimatgefühl für meine Schule. Dennoch beunruhigt mich die Wahrnehmung des eigenen Geworden-Seins, die mir meine Schullesungen regelmäßig katalysieren. Für eine kurze Zeit macht sie aus mir einen Reiter über den Bodensee: Ich erschrecke darüber, welche Gefahren ich überstanden habe, ohne sie als die Gefahren erkannt zu haben, die sie tatsächlich waren.

Und was passiert jetzt hier?, denke ich dann. In dieser Klasse, mit diesen Kindern. Morgen, übermorgen, in den nächsten Jahren. Wie dick ist hier das Eis? Ist alles richtig so, wie es ist? Wo doch jeder Fehler doppelt und dreifach wiegt! Wo doch jedes Wort sich besonders tief einprägen kann und wo Begeisterung, einmal geweckt, womöglich ein Leben lang andauert. Während eine Angst, hier entstanden, vielleicht nie überwunden wird.

Als Erwachsener und Vater von zwei fast erwachsenen Söhnen glaube ich heute ermessen zu können, wie viel ungemein Wichtiges, Prägendes und Bleibendes sich in der Schule für die Jungen und Mädchen ereignet – alles freilich im Kontext jener »Selbstverständlichkeit«, die Schule ja auch ist. Gelegentlich muss ich dann an die Graugänse denken, die nach dem ersten Öffnen der Augen nur ein paar Sekunden lang Zeit haben, um sich auf ein Lebewesen zu prägen, dem sie ab sofort ihre Kindheit lang auf dem Fuße folgen.

Ich bin dann geneigt, die ganze Klasse sofort in pädagogische Watte zu packen. Meine Schullesungen bringen mich in Versuchung, eine Art »Fänger im Roggen« zu sein. Nicht dass ich die Kinder davon abhalten wollte, erwachsen zu werden. Aber ich wünschte, es begegnete ihnen während ihrer Schulzeit möglichst oft etwas, das sie nicht vergessen und an dem sie sich ausrichten können. Etwas, das man wie einen Talisman bei sich trägt. Keine Gewissheit vielleicht, obwohl in der Schule ja vieles vermittelt wird, das sich als Gewissheit gibt. Nein, eher sollte es eine Ahnung sein, eine Vorstellung davon, wozu man existiert oder wie es aussehen könnte, wenn einem etwas wirklich Wichtiges gelingt. Zum Beispiel das Glücklichsein.

Und obwohl ich nicht glauben darf, in den nächsten anderthalb Stunden der Überbringer einer solch existentiellen Botschaft zu sein, denke ich doch vor jeder Lesung: Jetzt kommt's drauf an! Genau jetzt. Wer bei etwas, das er für Kinder macht, nur Routine walten lässt, der vergisst seine Aufgabe, und er vergisst sich damit selbst. Jede Schulstunde und also auch die nächste ist eine eminente Chance, etwas zu erreichen, das schon morgen schwerer zu erreichen sein wird als heute. Ja, morgen könnte die Chance sogar vertan sein.

Wahrscheinlich schaue ich jetzt ein bisschen wolkig drein. Dabei wird es höchste Zeit, meine Gesichtszüge in Ordnung zu bringen, denn die Lehrerin möchte mich vorstellen.

5. Kapitel
Nun, liebe Kinder, gebt fein Acht! Der Mann hat euch was mitgebracht

Nochmaliges Stühlerücken, wieder anschwellender Lärm. Der schleppende Chor: Gu-ten Mo-rgen, Herr Wie-war-nochmal-der-Name? Dreißig Augenpaare sehen mich an. Ich versuche, gleichzeitig freundlich, wichtig, streng und lässig dreinzuschauen. Dabei hoffe ich, dass man mir meine Nervosität, die jetzt ihren Höhepunkt erreicht, nicht ansieht.

Meinen möglichst universellen Gesichtsausdruck friere ich ein, während die Lehrerin mich vorstellt. Das ist auch besser so, denn manchmal werde ich ähnlich wie der Weihnachtsmann angekündigt: »… ist von sehr weit her gekommen, um euch etwas vorzulesen.«

Kichern, Getuschel, erste Zwischenrufe.

»Herr Spinnen, jetzt haben Sie das Wort!«

Danke!

Aber habe ich es wirklich?

Eher nicht. Oder ganz entschieden: Nein!

Vielmehr muss ich es mir erarbeiten, erkämpfen, erbetteln und ergaunern. Die Lesung vor einer Schulklasse stellt mich vor eine doppelte Aufgabe. Ich will einen Text, an dem ich lange gearbeitet habe, auf die bestmögliche Art und Weise vermitteln, besser sage ich vielleicht: zum Leben bringen. – Doch parallel dazu muss ich dafür sorgen, dass das überhaupt möglich ist, dass die Voraussetzungen für eine gelingende Lesung stimmen. Ich habe gewissermaßen in der einen Hand das Buch und in der anderen alles Belebte und Unbelebte im Raum.

Natürlich wissen in jeder Klasse zumindest einige Schülerinnen und Schüler ganz genau, was für eine Veranstaltung sie jetzt erwartet. Ist ja auch nicht so schwer zu verstehen: Einer liest vor, die anderen hören zu – und tun ansonsten nichts, jedenfalls nichts mit Armen, Beinen und Mund. Aber dieses Wissen und insbesondere die Fähigkeit zu seiner Umsetzung im eigenen Verhalten kann ich nirgendwo als allgemein voraussetzen. Eher muss ich damit rechnen, dass es für einen großen Teil der Jungen und Mädchen gängige Praxis ist, gesprochene Literatur durch Medien wahrzunehmen. Wenn ihnen bislang vorgelesen wurde, dann haben das überwiegend Kassettenrecorder und CD-Player getan. Das heißt: Vorlesen ist für sie nicht primär ein sozialer Akt, an dem mehrere lebendige Menschen in verschiedenen Rollen beteiligt sind, sondern ein Medienangebot, das man in der Regel alleine und unkontrolliert nutzt. Also nehmen meine jungen Zuhörer mit großer Selbstverständlichkeit auch mir gegenüber die legere und leicht distanzierte Haltung des Medienkonsumenten ein.

In der Theorie klingt das erträglich, in der Praxis kann es eine ungeheure Zumutung sein. Denn Medienkonsum bedeutet ja, keinen direkten Kontakt zum Autor oder Vermittler des Medieninhaltes aufzubauen. Der Sprecher der Hör-CD weiß nichts von seinen Zuhörern und nimmt nichts von ihnen wahr. Ihm ist gleich, ob man ihm zuhört oder nicht; man kann, während er sich ins Zeug legt, um seinen Text auf die bestmögliche Art und Weise vorzulesen, rein gar nichts tun, das ihn in seiner Konzentration stören würde. Man kann essen, trinken, telefonieren, im Internet surfen oder neue Hip-Hop-Schritte üben. Er beschwert sich nicht. Er beschwert sich nicht einmal, wenn man ihm aus welchen Gründen auch immer vollends den Ton abdreht.

Als ich vor zehn Jahren begann, aus »Belgische Riesen« vorzulesen, meinem ersten Buch für jüngere Leser, da habe ich dieses typische Medienkonsumverhalten in den allermeisten Fällen nur einigermaßen stumm erduldet und erlitten. Ich weiß, vielen Kolleginnen und Kollegen, die vor Kindern lesen, geht es ähnlich. Ich bin damals in meine Lesungen hineingegangen wie in eine Lotterie. Die große Frage lautete: Erwische ich eine Klasse, die irgendwie auf die Veranstaltung mit mir vorbereitet (oder gar eingeschworen) ist? Gut, dann hatte ich Glück gehabt.

Es war aber auch möglich, dass ich der Klasse als 3-D-Variante einer Hör-CD erschien, als Tonwiedergabegerät in Form eines Menschen, dem gegenüber man jede beliebige Haltung bis hin zur aggressiven und lautstarken Ignoranz an den Tag legen kann. War das der Fall, dann wusste ich nicht viel dagegen zu unternehmen. Die Einübung von Sekundärtugenden hielt (und halte) ich nicht für meine Aufgabe. Abgesehen davon macht man sich bekanntlich schnell unbeliebt, wenn man unerfreuliche Tatsachen ausspricht. Und von einer Bühne herab darf man das gleich gar nicht.

Das ist mir früh schon klar geworden. Ganz zu Beginn meiner Lesetouren habe ich einmal in einer sauerländischen Stadtbücherei eine Frau, deren schwerer Hustenanfall nicht enden wollte, vorsichtig gefragt, ob man nicht etwas für sie tun könne. Sie wurde daraufhin von der Bibliotheksleiterin in ein Nebenzimmer geführt, wo man ihr einen Tee kochte. Die Tür zu diesem Zimmer blieb geöffnet, und die Frau hustete ununterbrochen weiter. Dieser Vorfall wurde in der örtlichen Tageszeitung dahingehend kommentiert, dass der Autor mehr »Toleranz« hätte zeigen müssen.

Nein, wer sich als Vorleser über sein Publikum beschwert, mag vollkommen im Recht sein, dennoch gilt er umgehend als übertrieben sensibel, wenn nicht gar als verständnislos, eingebildet und elitär. Liest man vor Kindern, ist die Angelegenheit noch heikler, denn das Verhalten Kindern gegenüber kann sofort als Beweismaterial für moralische Generalurteile benutzt werden. Der Kabarettist Volker Pispers schildert in einem seiner Sketche, wie einmal das Erscheinen eines Kleinstkindes auf der Bühne seinen wohl vorbereiteten Auftritt ruinierte, während das Publikum kritisch prüfte, ob er sich dieser Zumutung gegenüber auch ja nicht unkorrekt verhielt.

Derart gewarnt, habe ich an Schulen einige Male nichts anderes getan, als die Minuten und Seiten zu zählen, die ich noch vor mir hatte. Leicht war das nicht. Unter massiven Störungen durch Reden, Geräusche und Bewegungen zu lesen, erlebt wohl jeder Autor als eine schmerzliche Herabwürdigung der eigenen Arbeit. Da helfen auch Sätze wie »Das sind doch nur Benjamin-

Blümchen-Kinder, die wissen es einfach nicht besser« herzlich wenig! Die Beschädigung bleibt. Schließlich konzipierte ich für besonders Notfälle eine Variante meines »Belgische Riesen«-Programms, bei der der gelesene Auszug eben lang genug war, dass man mir keine Arbeitsverweigerung vorwerfen konnte. Die Zeit bis zum Klingeln würde ich dann mit Geplänkel füllen. Dieses Notprogramm hat mir sehr geholfen. Es dabeizuhaben, gab mir mehrmals die Kraft, auf die Zumutungen anders als mit einem bloßen Rückzug zu antworten.

Natürlich habe ich mich auch damals schon bemüht, meine Auftritte möglichst attraktiv zu gestalten. Die Voraussetzungen dafür waren nicht ganz so schlecht. Ich habe eine eher kräftige und einigermaßen weit reichende Stimme. Zudem kenne ich natürlich meinen eigenen Text, in Partien sogar beinahe auswendig; ich kann Spannungsbögen herstellen, ich kann bei den Dialogen, zumindest mit der Stimme, ein wenig schauspielern.

Aber wenn ich damals dergleichen tat, dann mit angezogener Bremse. Meine Vorstellung von Art und Absicht der Literatur verbot es mir letztlich, meine Lesungen in Performances zu verwandeln, zugeschnitten auf die Zerstreutheit und Konzentrationsschwäche von Kindern im Medienzeitalter. Ich hatte Literatur geschrieben und wollte auch Literatur vorlesen, so wie ich es zuvor schon einige Jahre getan hatte. Das Alter meiner Zuhörer änderte daran im Grunde nichts. Ich wollte kein Koch sein, der seine Kochkunst durch das theatralische Verhalten seines Personals vermitteln will. Bei mir sollte nur gegessen, also zugehört werden. Ich wollte die reine Substanz präsentieren, einen Text, an dem ich lange und intensiv gearbeitet hatte und der ohne alles Brimborium für sich selbst sprechen sollte. Doch mit dieser Einstellung lief ich immer wieder Gefahr, vom Subjekt zum Objekt meiner Lesungen zu werden. Wenn mein Text sich von der Buchseite zu seinen Zuhörern aufmachte, stand ich oft genug wie sein alter Vater in der Tür und winkte ihm hilflos hinterher.

Nun möchte ich nicht den Eindruck erwecken, alle meine Lesungen seien damals ein Fiasko gewesen. Dafür gab es genug Klassen mit allgemein oder speziell auf mich gut vorbereiteten Schülerinnen und Schülern. Ich habe, vornehmlich im Süddeutschen, sogar an Schulen gelesen, wo die Einübung von Sekundärtugenden wie Aufmerksamkeit und gutem Benehmen gegenüber Gästen offenbar auf dem Stundenplan zu stehen schien. Ja, ich habe sogar vor Schulklassen gelesen, die mir – der ich ja immerhin in den wilden siebziger Jahren aufgewachsen bin – als geradezu ruhiggestellt erschienen und denen ich gerne etwas mehr an Unbändigkeit gewünscht hätte.

Doch das änderte nichts daran, dass ich in den ersten Jahren mit den »Belgischen Riesen« durch Schulen und Klassen getingelt bin, ohne ein offensives Konzept zu haben für das, was ich da tat. Als ich ab dem Jahr 2003 überwiegend aus einem neuen Buch las, das ausschließlich für Erwachsene bestimmt war, fiel mir ein Stein vom Herzen. Ich habe es dann eine Zeitlang sehr genossen, wieder vor einem Buchhandlungs- oder Literaturhauspublikum zu sitzen, vor Menschen also, die sich praktisch ausnahmslos an die ungeschriebenen Regeln der Veranstaltung »literarische Lesung« hielten. Ich war diesen Menschen bis zur Rührung dankbar dafür, dass sie nicht dauernd die Klettverschlüsse ihrer Turnschuhe auf- und zuziehen mussten, nicht mit den Stühlen wippten, nicht aßen und tranken oder sich quer über den Schoß ihres Nebenmannes legten. Dankbar war ich ihnen auch für die freundlichen Komplimente nach der Lesung, egal, ob die nun von Herzen kamen oder ob sie Teil der Konvention waren.

Auf die sanfte Landung in den Literaturhäusern folgte allerdings eine Verunsicherung. Ich hatte in den Jahren vor den »Belgischen Riesen« die konventionelle Lesung als den wünschenswerten Normalfall durchaus geschätzt. Seit meinem ersten Buch hatte ich in ihrem schützenden Rahmen stets sehr gerne vorgelesen. Mehr noch, das Lautlesen war zu einem wichtigen Bestandteil meiner Arbeit am Text geworden. Doch durch den Schul-Schock hatten meine bisherigen Lese- und Vorleseroutinen ihre Selbstverständlichkeit verloren. Ich kam mir vor wie einer, der nach dem Umzug von Flensburg nach Rom darüber nachdenken muss, ob er das Autofahren nicht besser noch einmal lernen sollte. Auf die Frage »Was genau tue ich eigentlich, wenn ich vorlese?« hatte ich offenbar noch längst nicht alle Antworten.

Bevor ich also vor der Klasse hier das Wort »ergreife«, möchte ich meine Geschichte dieser Antworten erzählen. Das dauert ein bisschen, ist aber wichtig. Und nötig.

6. Kapitel
Was tue ich eigentlich hier? (I)

In den fast zehn Jahren, die vom Erscheinen meines ersten Buches bis zu den »Belgischen Riesen« vergangen waren, hatte sich meine Vorstellung von der literarischen Lesung gerundet und verfestigt. Sie erfüllte für mich im Wesentlichen zwei Funktionen. Eine davon galt natürlich dem Publikum, die andere dem Autor, also mir. Ich beginne mit dem Publikum.

Ich würde niemals so weit gehen, in der Lesung eine reine Unterhaltungsdienstleistung zu sehen. Aber das Gegenteil davon sollte sie auch nicht sein. Die Dichterlesung als Inszenierung des Schwierigen oder Hermetischen an der Literatur, wie ich sie in den siebziger und achtziger Jahren noch erlebt habe, ist mir immer ein Gräuel gewesen. Ich empfinde es als verfehlt, wenn nicht als infantil, ausgerechnet an den Besuchern einer Dichterlesung ein Exempel zu statuieren, indem man sie schmerzhaft spüren lässt, wie weit Literatur vom Alltäglichen und Selbstverständlichen entfernt sein kann. Das aber war damals ein sehr verbreiteter Habitus. Ich erinnere mich an Auftritte, bei denen die Autoren das Andersartige der Literatur als ihr eigenes Anderssein vorführten: durch leises und unbetontes Lesen, durch die Verweigerung der Kommunikation mit dem Moderator oder durch das ostentative Nicht-Zulassen von Fragen aus dem Kreis der Zuhörer.

Dabei rührte meine Ablehnung dieser damals schon

längst zur Folklore abgesunkenen Publikumsverachtung nicht etwa von der Überzeugung, die literarische Lesung müsse sich den Gesetzen der Eventkultur unterwerfen und vor allem »kundenfreundlich« sein. Im Gegenteil, ich teile bis heute die dem schlechten Benehmen der Dichter zugrunde liegende Überzeugung, dass eigentlich Texte erscheinen und reden sollen, nicht aber der Autor als Person. Ich stimme auch Ernst Jünger zu, wenn er sagt: »Ein Autor, der sich selbst kommentiert, geht unter sein Niveau.« Und ich zitiere gerne den Wiener Schriftsteller Raoul Auernheimer, der schon vor über fünfzig Jahren die innere Problematik des Schriftstellers als öffentliche Person sehr pointiert formulierte: »Ein Dichter kann sich dadurch, dass er als Person bekannt wird, nur schaden. Denn entweder er bleibt hinter seinem Werk zurück, dann schädigt er dieses; oder er macht als Mensch den besseren Eindruck, dann begnügt man sich gerne mit ihm und überschlägt das Werk, so dass er, einmal auf diesen Abweg geraten, in dem Maße unbekannter wird, als er bekannter wird. Schließlich kennt ihn niemand mehr, weil ihn alle kennen.«

Bis heute gibt es für mich also genug Ansätze zu einer Kritik am Ideal der wohltemperierten Lesung. Allerdings habe ich es immer abgelehnt, diese Kritik zu vermitteln, indem ich ausgerechnet diejenigen brüskiere, die sich so aktiv für Literatur interessieren, dass sie einen Abend an eine Lesung wenden. Wenn nur der Text sprechen soll, so lautet dagegen meine Devise, dann gebe man ihm doch einfach die bestmögliche Stimme. Was könnte man Besseres für ihn tun? Und wenn man der Auffassung ist, dass der literarische Text viel besser als seine Erläuterungen sagt, was er will, warum sollte man das nicht ebenso klar wie freundlich vermitteln? Über Literatur zu reden muss nicht notwendig heißen, sie kleinzureden und mundgerecht zu machen. Jede Lesung in einem Literaturhaus oder in einer Buchhandlung ist ein kleiner Bestandteil der (hoffentlich) großen literarischen Kultur. Warum also nicht ein wenig literarische Theorie in die Veranstaltung einfließen lassen? Das muss weder aggressiv noch dröge oder bevormundend rüberkommen, ja, es kann durchaus unterhaltend in einem positiven Sinne sein. Es kommt nur darauf an, wie man es macht.

Und nun zum Autor, also zu mir. Schon bei meinen ersten öffentlichen Auftritten ist mir die Bedeutung des Vorlesens für das Schreiben bewusst geworden, allerdings eher schmerzlich. Doch ich will am Anfang beginnen.

Das Ziel meines Schreibens hatte mir immer deutlich vor Augen gestanden: Es ging ums Buch. Das heißt, ich wollte Texte schreiben, die so still in einem Buch leben sollten, wie es all die Literatur in den Bänden unserer Institutsbibliothek tat. Bei meinen ersten ernsthaften Schreibversuchen war ich Student der Germanistik, und die Praxis des Lehrbetriebs war prägend. Man las zu Hause, still; man machte sich Notizen; im Seminar sprach man *über* Literatur. Vorgelesen wurden, nicht immer zur Erbauung und selten zur Erheiterung, allenfalls die Thesenpapiere und Referate. Nur äußerst selten wurde in den Seminarsitzungen ein literarischer Text auch einmal laut. Als in einem Hauptseminar zur barocken Lyrik der Professor zur Rezitation der Gedichte aufforderte, regte sich ein wahrscheinlich aus Peinlichkeit gespeister Widerstand. Kein Wunder also, dass Literatur für mich etwas war, das im Wesentlichen, ja eigentlich ausschließlich als geschriebener beziehungsweise gedruckter Text existierte. Unausgesprochen war ich vielleicht sogar der Überzeugung, dass es Texte gar nicht gab, solange sie nicht schriftlich fixiert waren.

Die Praxis meiner ersten Lesungen zu Beginn der neunziger Jahre hat mich dann gelehrt, dass ich beim stillen Lesen durchaus nicht alles erfuhr, was ich über Texte erfahren könnte. Und das galt für meine eigenen ganz besonders.

Es begann, sehr banal, mit der Wahrnehmung von Patzern. Offenbar hatte ich beim Schreiben etwas übersehen, das mir beim ersten Lautlesen vor Publikum als schlichtweg misslungen erschien. Das war ärgerlich. Manchmal fiel mir noch während der Lesung eine Variante ein. Ich korrigierte dann die betreffende Stelle in meinem Lesungsexemplar, wenngleich mit einem schlechten Gewissen den Buchkäufern gegenüber, die ja nicht mehr in den Genuss der verbesserten Fassung kamen.

Aber Patzer macht jeder, irgendetwas übersieht man immer, so genau man auch prüft. Verstörender war die Erfahrung, dass ich vor Publikum über Passagen stolperte, an denen ich eigentlich gar nichts auszusetzen hatte. Auf dem Papier sah ich keine Notwendigkeit zu einer Korrektur der Stelle, aber bei den Lesungen klang sie mir schief im Ohr, was meistens zu Versprechern oder Hängern führte.

Ich begann daher, mir meine Texte bereits während des Entstehens laut vorzulesen. Anfangs habe ich mich dessen geschämt wie damals die Studenten im Seminar, als sie Gryphius rezitieren sollten. Außerdem ist, wer ohne Ansprechpartner redet, bekanntlich auf dem Weg in den Irrsinn. Aber viele Gespräche mit Kolleginnen und Kollegen haben mir inzwischen bestätigt, dass ich nicht der Einzige bin, der sein Blatt oder seinen Monitor anliest. Und ich fand sogar einen überaus prominenten Autor, der das Lautlesen zum wichtigsten Kriterium der Stilkritik erklärt hat.

Es ist Friedrich Nietzsche. Als der sich 1882 in die damals 21 Jahre alte Lou von Salomé verliebt, schickt er ihr, natürlich als ein Bestandteil der Werbung, den kurzen Text »Zur Lehre vom Stil«. Dort heißt es im dritten Paragraphen: »Man muß erst genau wissen: ›so und so würde ich dies sprechen und *vortragen*‹ – bevor man schreiben darf. Schreiben muß eine Nachahmung sein.«

Schreiben ist eine »Nachahmung« der gesprochenen Sprache! Das klingt zunächst wie eine Selbstverständlichkeit, denn natürlich war das Gesprochene schon viel früher da als alle Schrift und alles Geschriebene. Doch wer eine Erzählung oder einen Roman schreibt, der orientiert sich an einer Tradition von Texten, die weniger ein alltägliches Sprechen nachahmen und sich vielmehr vom Duktus der Alltagssprache abheben. Für Lyrik gilt das zumal. Die Unabhängigkeit von kommunikativen Routinen ist ja geradezu der Ausweis des Literarischen. Sagen wir von jemandem, er »rede wie ein Buch«, bedeutet das oft genug, dass er zur Kommunikation nicht fähig ist. Will Nietzsche also in seiner Stillehre zu einem supernaturalistischen Schreiben ermuntern, wenn er von »Nachahmung« spricht?

Keineswegs. Er will vielmehr auf ein Verfahren weisen, durch das der Schreiber die Qualität seines eigenen Textes ermessen, besser: erfahren kann. Im fünften Paragraphen heißt es: »Der Reichthum an Leben verräth sich durch *Reichthum an Gebärden*. Man muß Alles, Länge und Kürze der Sätze, die Interpunktion, die Wahl der Worte, die Pausen, die Reihenfolge der Argumente – als Gebärden empfinden *lernen*.« Und das Ziel eben dieses Lernens nennt der siebte Paragraph: »Der Stil soll beweisen, daß man an seine Gedanken *glaubt*, und sie nicht nur denkt, sondern *empfindet*.«

Für Nietzsche also ist die Beziehung zwischen der Art, in der ich rede, und der, in der ich schreibe, eine Probe auf die Authentizität meines Textes. Indem ich ihn als Umsetzung von Gebärden, also ausgesprochen körperlich empfinde, stellt sich Gewissheit darüber ein, ob etwas bloß gedacht oder ob es geglaubt ist, sprich: ob etwas bloß eine Phrase ist, eine gängige Redefigur, zu der ich unreflektiert gegriffen habe, oder ob es als angemessener Ausdruck eines ganz individuellen, authentischen Gedankenganges gelten kann. Anders gesagt: »Gebärdet« sich mein Text so, dass sich meine Stimme und mit ihr mein ganzer Körper in diese Mimik und Gestik hineinfinden, dann ist das für mich ein Beweis seiner Authentizität.

Und genau hier kommen die Lesungen ins Spiel. Denn ich kann zwar einen entstehenden Text laut vom Blatt oder vom Monitor ablesen und dabei den Tempi, dem Rhythmus und dem Klang als Kriterien seiner Richtigkeit nachhören. Doch in meinem Arbeitszimmer herrscht eine Werkstattatmosphäre. Wann immer mir etwas nicht richtig im Ohr klingt, werde ich die Lesung unterbrechen und an der Textstelle arbeiten. Es bedarf schon eines anderen Arrangements, einer anderen Inszenierung, um den Text dergestalt lebendig zu machen, dass ich ihn als Ganzes und dass ich ihn körperlich erfahren kann.

Wenn irgend möglich, lese ich daher Texte, mit denen ich hadere (und deren Umfang es erlaubt), meiner Frau vor. Wichtig dabei ist: Ich kann und darf mich nicht mehr unterbrechen, ich kann nicht über Varianten nachdenken. Meine Stimme formt zwar den Text, aber sie folgt ihm auch. Dieses erste Vorlesen ist schon weniger Teil der Produktion und mehr Teil der Interpretation.

Natürlich sagt meine Frau nach diesen Lesungen, was sie von dem Text hält. Doch ohne den Wert dieser Urteile zu schmälern, kann ich sagen, dass mir ebenso wichtig wie diese erste Kritik die Empfindungen sind, die ich während des Vorlesens habe. Denn da höre ich meinen Text zum ersten Mal sprechen; da bin ich, obwohl ich ihm meine Stimme gebe, selbst ganz Ohr. Viele Schwächen und Fehler, seien es solche des Ausdrucks oder des Gedankens (wenn dazwischen überhaupt zu unterscheiden ist) – nehme ich jetzt körperlich wahr: als Missklang und Nicht-Identität, die Peinlichkeit und Scham bewirken. Ich muss die betreffenden Stellen gar nicht markieren, bei der nächsten Lektüre werden sie mir schon über einige Zeilen hinweg wieder entgegenklingen. Der Schmerz, den sie mir bereitet haben, stellt sich auch am nächsten Tag sofort wieder ein. Und so kann ich – ja, was kann ich tun?

Sicher nicht: alles gut und richtig machen. Alle Fähigkeiten und alles Einsichtsvermögen sind begrenzt. Aber die Lautleseprüfungen helfen mir zu tun, was ich tun kann. Alfred Polgar hat einmal gesagt, niemand könne von einem Künstler fordern, dass er etwas Gutes schaffe; nicht einmal der Künstler selbst. Aber, so Polgar weiter, dass er *sein Bestes* gebe, das müsse man von ihm verlangen. Und er von sich selbst allemal.

Ach ja, ich muss noch hinzufügen, dass sich der Effekt der Eigentexterkenntnis, wie ich ihn erfahre, wenn ich meiner Frau vorlese, bei öffentlichen Lesungen noch einmal wesentlich steigert. Allerdings kann ich hier in den meisten Fällen nichts mehr korrigieren, weil der Text schon gedruckt ist. Das bleibt schmerzhaft.

7. Kapitel
Was tue ich eigentlich hier? (II)

So weit also war das Lautlesen zu einem integralen Bestandteil meiner Arbeit am Text und mit dem Text geworden. Doch dann begannen meine Lesungen aus »Belgische Riesen«. Ich verließ die stillen Heimatorte der Literatur, die Buchhandlungen, Volkshochschulen und Literaturhäuser, und zog zu den Auswärtsspielen in Realschulen, Gesamtschulen und Gymnasien. Konzentrierte Reflexionsstunden der Literatur gab es hier nicht mehr, und vor zehnjährigen Mädchen und Jungen stand auch kein intensives Gespräch über ästhetische Theorien auf dem Stundenplan. Ich geriet aus dem Reservat der qualifizierten Minderheit an die breite Basis. Ich traf nicht mehr auf Kenntnis, die in vielen Jahren erworben war; stattdessen saß ich vor Anfängern im Fach Literatur, vielfach auch vor literarisch völlig unbeschriebenen Blättern, die sich vom Wind der Ablenkung fortwehen ließen und dabei sehr laut raschelten.

Auch mit der Selbsterfahrung des Autors beim Lesen war es jetzt vorbei. Über meinen Text erfuhr ich in den Aulen, Foren und Klassenzimmern vor allem dies: welch ein fragiles Gebilde er war, wie schwach, ja machtlos, wenn er sich gegen die normale Lautstärke in einem Klassenzimmer und gegen die Rezeptionsgewohnheiten eines Publikums behaupten wollte, das sich am Unterhaltungsmainstream der neuen Medien orientierte.

Ich habe ja schon geschildert, dass ich einige Lesungen aus den »Belgischen Riesen« abgewettert habe wie ein Schiff den Sturm. Fragte man mich damals, ob denn eine Fortsetzung des Buches erscheinen werde, hatte ich für mein entschiedenes »Nein« mehrere Gründe; der stets unausgesprochene war der, dass ich gerne wieder zu einem erwachsenen Publikum zurückkehren wollte. Wenn es dann tatsächlich neun Jahre bis zu meinem zweiten Buch für jüngere Leser dauerte, so lag das allerdings daran, dass mir eine Zeitlang einfach keine passende Geschichte einfiel, die ich gerne geschrieben hätte. Mein Verhältnis zu den Lesungen vor jungem Publikum hatte sich bereits wesentlich früher verbessert.

Im Jahr 2004 erschien eine zweite Taschenbuchausgabe der »Belgischen Riesen«, nun in einer Reihe speziell für jüngere Leser und zu einem nochmals reduzierten Preis. Womöglich half dieser Umstand, das Buch im erweiterten Kanon der Schullektüren zu etablieren. Jedenfalls erhielt ich in der folgenden Zeit wieder vermehrt Einladungen zu Lesungen, meistens in Klassen, die das Buch im Unterricht behandelten.

Doch jetzt wollte ich gewappnet sein! Nicht, indem ich mich etwa gegen den psychischen Stress dieser Auswärtsspiele irgendwie immunisierte, sondern indem ich eine Überzeugung und, wenn möglich, auch ein praxisbezogenes Konzept zu meinen Schullesungen mitbrachte. Natürlich war ich immer noch nicht bereit, ins Performance-Genre zu wechseln. Eine literarische Lesung als Wettbewerb mit den zeitgenössischen Medienangeboten auszutragen, kam für mich nicht in Frage. Aus Prinzip, aus Liebe zur Literatur, die ich nicht verraten wollte; aber auch aus Gründen des Selbstschutzes. Wer versucht, sich anzubiedern, macht sich letzten Endes immer lächerlich. Und fürs Lächerliche haben Kinder und Jugendliche besonders feine Sinne.

Im Wesentlichen also ging es mir nicht darum, meine Lesungen irgendwie aufzupeppen; ich wollte sie vielmehr zu einer sinnvollen Veranstaltung für Menschen machen, deren literarische Sozialisation noch nicht abgeschlossen ist, ja vielfach noch gar nicht begonnen hat. Wenn sich etwas verbessern sollte, dann nicht durch Mätzchen und Ablenkungen, sondern durch eine Konzentration aufs Wesentliche. Schließlich realisierte sich mein Praxiskonzept dann auch nicht als multimediale Strategie, sondern in einem kleinen Katalog von eher unspektakulären, aber eminent wichtigen Maßnahmen und Verhaltensweisen.

Eine dieser Maßnahmen habe ich eben schon erwähnt, als ich die Klasse betrat: Ich arrangiere, wenn irgend möglich, die Bänke so, dass ich von einem Mittelgang aus allen Schülerinnen und Schülern einigermaßen gleichmäßig nahe sein kann. Ich habe nämlich die Erfahrung gemacht, dass im Medienzeitalter aufgewachsene Kinder mit größer werdender Entfernung zum Gegenstand der Aufmerksamkeit rasch die Konzentration verlieren.

Moderne Medien setzen auf Nähe. Schon der Fernseher fesselte seine Zuschauer in einer kurzen Entfernung. Vor dem PC ist die Distanz fast vollkommen aufgehoben. Und in die tragbaren Spielgeräte und Handys muss man (zumindest mit den Augen) hineinsteigen, um ihre Inhalte überhaupt wahrnehmen zu können. Kein Wunder also, dass proportional zur Entfernung die Erreichbarkeit junger Menschen dramatisch abnimmt. Zumal bei eher ruhigen, unspektakulären Veranstaltungen wie einer Lesung.

Und daher sorge ich dafür, dass mein Text nicht nur in einer körperlosen Stimme anwesend ist, die von irgendwo vorne kommt und die hinteren Reihen kaum noch erreicht. Ich gebe dazu die klassische Sitzposition hinter einem Tisch auf – und damit auch den (zumindest gefühlten) Schutz, den sie mir bietet. Zu Beginn meiner Lesung stehe ich; manchmal platziere ich mich auch schon neben dem Tisch, während die Lehrerin mich vorstellt. Im Verlauf der Lesung bewege ich mich dann durch den Mittelgang, eher sparsam, nicht so, dass es zur Ablenkung (oder gar zur Bedrohung) wird, sondern als sichtbares körperliches Zeichen für die Präsenz des Gesprochenen.

Und eben darauf kommt es meines Erachtens an. Denn beim Vorlesen wird ein Text nicht nur laut. Es geschieht viel mehr: Eine schriftliche »Nachahmung« gesprochener Sprache wird in lebendige Sprache zurückübersetzt, die beim Zuhörer eine Fülle von Vorstellungen evoziert. Nietzsches Satz einmal vom Kopf auf die Füße gestellt: Der »Reichthum an Gebärden« vermittelt den »Reichthum an Leben«, der im Text aufbewahrt ist.

Dabei heißt »Reichthum an Gebärden« nicht: Pantomime, Gehampel, Chargieren, Schmierentheater. Der Körper des Lesenden dient nicht zur gestischen Erläuterung dessen, was der Text nicht zu sagen vermag. Vielmehr geht es darum, die menschliche Stimme als Körper des Textes und damit als seine sinnlich wahrnehmbare Gestalt erkennbar und wirksam werden zu lassen. Ich denke, Lesungen vor Kindern sollten beispielhaft vorführen, wie Lesen sein muss, damit im Kopf des Lesenden die Rückübersetzung der Schrift ins Leben überhaupt gelingen kann.

So viel Psychologie und Pädagogik darf, ja sollte sein. Es reicht bei weitem nicht aus, jungen Menschen die Buchstabenschrift beizubringen und sie dann mit erhobenem Zeigefinger zum Lesen des berühmt-berüchtigten guten Buches aufzufordern. Eltern und Lehrer müssen vielmehr die Ergebnisse des Lesenlernens wahrnehmen und beurteilen können, um zu wissen, was Anleitung und Aufforderung erbracht haben. Wenn ein Zehnjähriger einen Text laut vorliest und sich dabei so unsicher oder ungeübt zeigt, dass er nicht zu einer sinnvollen Betonung findet, dann spielt sich dieser Text in seinem Kopf wahrscheinlich ebenso beschädigt ab, wie er über seine Zunge geht. Während andere, geübtere Leser die Spannungsbögen und die Atmosphäre des Textes rasch antizipieren, daher sinnvoll artikulieren und in eine Geschichte umsetzen können, liegt vor dem unbeholfenen Leser nur deren unzusammenhängendes und beschädigtes Material. Verständlich, wenn er daran so wenig Vergnügen hat wie der Kinobesucher an einer Filmkopie, die aus lauter kurzen Streifen unterbelichteten Materials besteht. Auf die Gefahr hin, sehr apodiktisch zu sein: Nur wer imstande ist, beim Lesen den »Reichthum der Gebärden« wahrzunehmen und zu übersetzen, kann überhaupt ein Vergnügen am Gelesenen haben und von seinen Inhalten profitieren.

Und ich wiederhole mich: Um diese Übersetzungsleistung zu präsentieren, muss, ja darf ich nicht übertrieben schauspielern. Jede Ablenkung vom Text wäre, so attraktiv oder entlastend sie im Moment vielleicht sein mag, bloß kontraproduktiv.

Aber ich muss als Sprecher präsent sein! Daher ist die richtige Nähe zum Zuhörer so wichtig; und vor Zuhörern, die in der körperlosen Welt der Medien sozialisiert werden, ist sie besonders wichtig. Als ein Gräuel empfinde ich daher Vorleseräume, in denen sich ein Großteil der Zuhörer in Bereichen verschanzen kann, die im räumlichen wie im akustischen Sinne unzugänglich sind. Das ist insbesondere dann der Fall, wenn es, wie leider häufig in Aulen und Foren, nur geschlossene Sitzreihen gibt. Hier bilden sich gerne Bermuda-Dreiecke, in denen die Zuhörer ebenso lautstark wie spurlos verschwinden.

Bühnen scheinen da Hilfe anzubieten, indem sie den Sprecher anheben und auch weiter hinten sichtbar machen. Anfangs war ich dankbar dafür; heute meide ich Bühnen. Denn die positive Wirkung wird für mein Empfinden mehr als aufgehoben durch den Umstand, dass ich die Bühne nicht verlassen kann. Auf ihr bin ich als Sprecher ebenso ein- oder weggesperrt wie der Zuhörer in den raumbreiten und unzugänglichen Sitzreihen einer Aula. – Aber wohlgemerkt: Solch logistische Überlegungen zur Etablierung einer körperlichen Stimmpräsenz gelten nur den Voraussetzungen einer Lesung. Noch geht es um die Bedingungen, nicht um die Sache selbst, also ums Vorlesen.

Und das ist nun allerdings höchst individuell geprägt. Denn so verschieden wie ihre Gesichter sind die Stimmen der Menschen. Jeder hat seine eigene, die nur ihm gehört und durch die er ein Leben lang erkennbar bleibt, oft besser als an seinem Gesicht. Man kann Stimmen ausbilden und ausbilden lassen, doch an ihrer individuellen Klangfarbe und damit an ihrem Charakter ändert man wenig. Jede Stimme vermittelt, ähnlich wie ein Musikinstrument, einen bestimmten Tonfall, der alles Gesagte färbt und damit interpretiert. Es gibt Menschen, die Ironie nicht artikulieren können, und andere, bei denen jedes Wort ironisch klingt. Manchen Menschen glaubt man alles, anderen gar nichts.

Und natürlich eignen sich manche Stimmen mehr zum Vorlesen, andere weniger. Wie es Menschen mit schönen Stimmen gibt, die nicht schreiben können, gibt es Schriftsteller, die sich mit dem Vorlesen schwer tun. Manche Kollegen sagen mir, das Lesen vor Publikum strenge sie an oder sie hörten sich selbst nicht gerne zu. Mit anderen habe ich gesprochen, denen ein Logopäde helfen konnte, ihre Stimme besser zu kontrollieren; wieder andere hingegen bezeichneten es als einen Eingriff in ihre Intimsphäre, würden sie ihre Stimme einer fachlichen Beurteilung aussetzen. All dies ist möglich; und es ist leider ein Irrtum zu glauben, die Autorschaft an einem Text qualifiziere automatisch dafür, ihn auch brillant vorzulesen.

Ich kann und will hier aber keine Ratschläge zur individuellen Stimmschulung geben. Dafür stehen Fachleute zur Verfügung. Mir geht es vielmehr um den Wert und die Qualität der Autorenlesung jenseits der Virtuosität des Vortrags. Ich möchte eigentlich sogar verhindern, dass eine Autorenlesung vornehmlich danach beurteilt wird, wie schön, wohlklingend oder gefällig der Autor liest. Die Autorenlesung hat nämlich allen Veranstaltungen oder Tonträgern, bei denen Stimmprofis wie Schauspieler oder Synchronsprecher lesen, etwas sehr Wichtiges voraus: Die Rückübersetzung des Geschriebenen ins Leben wird hier von demjenigen geleistet, der den Text verfasst hat, das heißt, aus dessen Leben er einmal entstanden ist.

Der Autor A. mag als Vorleser nicht so gut sein wie der Schauspieler B., dessen sonore und zugleich einschmeichelnde Stimme man immer wieder gerne hört. Vielleicht hat der Autor sogar einen störenden Sprachfehler. Allerdings verfügt er über ein Wissen um den Text, das der Profisprecher B. zunächst einmal nicht besitzt und das er sich im Zuge der Arbeit an seinem Vortrag erst zu beschaffen hat. Vorausgesetzt, der Profi B. macht sich tatsächlich die Mühe einer eigenen Interpretation, statt den Text mit dem natürlichen Wohlklang seiner Stimme und einer guten Portion dramaturgischer Routine aus dem Stegreif über die Runden zu sprechen.

Der Autor hingegen ist der Komponist des Textes. In seinem Kopf existiert ein ideales (Klang)Bild seiner Schöpfung. Mag sein, er ist kein Virtuose, wenn es gilt, dieses Bild abzurufen und zu vermitteln. Es sind ja auch beileibe nicht alle Komponisten von Musik zugleich herausragende Instrumentalisten und Interpreten, wie etwa Franz Liszt es war. Doch beiden, Autor und Komponist, ist gemeinsam, dass sie eine *Intention* ihres Werkes kennen, weil die aus der Mitte ihres Lebens stammt. Und dieser Intention vermögen die allermeisten von ihnen auch Ausdruck zu geben, selbst wenn ihr Vortrag unter sprach- oder musik-handwerklichen Aspekten nicht ganz perfekt sein mag. Um die Vermittlung einer Textintention aber geht es in einer literarischen Lesung viel mehr als um den Wohlklang – eben weil es bei jedem Lesen genau darum geht!

Denn Literatur zu lesen heißt nicht, etwas zu entziffern oder zu buchstabieren; es heißt auch nicht, eine Information zu erhalten oder Genuss an einem selbstgenügsamen ästhetischen Gebilde zu empfinden. Lesen heißt vielmehr *Bedeutung* wahrzunehmen. Ich scheide aus der Lektüre eines Romans nicht bloß mit einer Summe von Informationen über seine Handlung oder mit der Wahrnehmung eines Stils. Der Text vermittelt mir vielmehr eine Vorstellung, vielleicht auch nur eine Ahnung davon, warum er geschrieben wurde und was er mir sagen wollte. Ja, ohne beständig zu interpretieren, könnte ich einen literarischen Text gar nicht als solchen wahrnehmen. Er wäre dann nichts anderes als die ästhetisch aufbereitete Mitteilung von Sachverhalten ohne Deckung in der Lebenswelt, sprich: Er wäre eine Sammlung von schönen Lügen.

Vor jungem und literarisch unerfahrenem Publikum kann der Autor als Vorleser daher eine wichtige literaturpädagogische Arbeit leisten. Er gibt ein Beispiel nicht nur dafür, wie man einen gedruckten Text ins lebendige Sprechen zurückübersetzt, sondern insbesondere dafür, wie man in ihm die Absichten zum Klingen bringt, aus denen heraus er einmal entstanden ist. Dieser Klang mag, wie gesagt, nicht immer konzertreif sein; ein Profisprecher könnte die bessere B-Note für die künstlerische Gestaltung bekommen. Aber in der Stimme des Autors schwingt nach meiner festen Überzeugung immer die Notwendigkeit des Textes mit, dazu alle Hoffnung auf das, was er auslösen oder wozu er auffordern soll.

Was freilich im Umkehrschluss auch bedeutet, dass ein Misslingen oder die Marginalität des Textes im Vortrag hörbar werden! Das Repertoire sogenannter Vortragskünstler besteht in der Regel zu einem Großteil aus Texten, die der stimmlichen oder schauspielerischen Virtuosität keine besonderen Widerstände entgegensetzen. Wo es in der Hauptsache um Auftritt und Wirkung, um Person und Stimme geht, da greift man eher zum schlichten Text. Ambitionierte Literatur hingegen vermittelt sich besser, wenn die Stimme in ihren Dienst tritt; wobei der Dienst allerdings ein Bärendienst werden kann, wenn er die Mängel des Textes zum Erscheinen bringt.

Ich weiß nun, was sich hier einwenden lässt: Die Lesung durch den Autor als Interpretation des Textes ist eine Bevormundung des Lesers. Durchaus literaturbegeisterte Menschen haben mir gesagt, dass sie Lesungen meiden, um nicht durch die Stimme des Autors in ihrer eigenen Verlebendigung des Textes beeinflusst oder gar gegängelt zu werden. Bei einem professionellen Vorleser, so sagten sie, sei es zwar ähnlich, doch es falle ihnen wesentlich leichter, sich von seiner Interpretation zu distanzieren. Der Profi lese quasi stellvertretend für den Leser, während der Autor immer auf der Seite der Produktion bleibe. Ich kann das nachvollziehen. Wenn ich das neue Buch eines mir persönlich bekannten Autors lese, habe ich oft das Gefühl, seine oder ihre Stimme erst abschütteln zu müssen, bevor ich meine eigene Lektüre realisieren kann.

Und schließlich ist ja auch gar nicht gesagt, dass der Autor die vollkommene Deutungshoheit über seinen eigenen Text hat. Spätestens seit den Arbeiten der Poststrukturalisten ist es die allgemeine Auffassung und wird auch an Schulen gelehrt, dass ein Text so viele Interpretationen stimulieren kann, wie er Leser hat. Die Intention des Autors stehe gleichrangig neben denen, die die Leser in den Text legen.

Einverstanden. Aber ich rede hier über Schullesungen! Wer sagt, dass ihn die Stimme des Autors stört oder unterdrückt, der hat bereits eine eigene Stimme, die bei ihrer Interpretationsarbeit gestört oder unterdrückt werden kann. Das Publikum der Schullesungen aber hat vielfach noch keine gut geübte innere Lesestimme, die den Tonfall eines Buches rasch aufnimmt, kein Leseohr, das den Absichten des Textes nachhorcht und sich fremden Interpretationen verschließen möchte. Ja, oft genug hat sich in den Jungen und Mädchen noch gar keine Stimme etabliert, die aus den Textinformationen einen sinnvollen Bedeutungszusammenhang formen kann. Es ist so, als könnten sie Noten lesen, aber kein Instrument spielen. Mit dem Angebot, das Lesen als eine Evokation, sprich: als ein Hervor-Rufen von Bedeutung einzuüben, macht man also in seiner Schullesung sicher nichts falsch.

Seit einiger Zeit nun beginne ich meine Lesungen vor jungem Publikum, indem ich genau solche Überlegungen in einem Gespräch entwickle. Also doch ein Grundkurs in Literaturtheorie, für Fünft- bis Neuntklässler? – Ja! Denn das geht, und es geht sogar sehr gut. Ich benutze dazu ein einfaches und für die allermeisten Kinder rasch begreifliches Bild, das ich auch hier schon verwendet habe.

Warum, frage ich meine Zuhörer, bin ich eigentlich zu euch zum Vorlesen gekommen? Lesen könnt ihr doch selbst. Wer bin ich denn und was mache ich so Besonderes, dass ihr hier sitzt und mir zuhört, statt euch mit meinem Buch in die Kuschelecken der Schulbücherei zu verdrücken?

Die Antworten führen in der Regel schnell und zuverlässig in die richtige Richtung: Eine Vorlesung ist wie ein Konzert.

Aha! Nun lassen sich die einzelnen Bestandteile eines Konzertes benennen und zuweisen. Wer bin ich? Der Musiker, aber auch der Komponist. Was ist das Buch? Die Noten. Mein Instrument? Die Stimme. Aber auch, wie kürzlich ein neunjähriges Mädchen zu meiner glücklichen Bestürzung hinzufügte: mein Gesicht und mein Körper. Dieser Vergleich kann vieles erklären, besonders natürlich Kindern, die gerade ein Instrument erlernen oder sich für Musik interessieren, womit meistens eine sehr kompakte Mehrheit angesprochen ist.

Wenn ich jetzt für euch lese, fahre ich dann fort, bringe ich meinen Text so zum Leben wie ein Musiker die Komposition, wenn er sie vom Notenblatt spielt. Wie der Musiker interpretiere auch ich meine Vorlage: Es besteht bei jeder Lesung die Möglichkeit, mit Lautstärke und Tonfall zu arbeiten, den Text ein wenig anders zu betonen oder ihn sogar in Maßen zu verändern.

Diese Einleitung gibt mir jetzt auch die Möglichkeit, ganz unverkrampft über die Rolle der Zuhörer bei einer Lesung zu sprechen. Ich kann die Vorstellung von einem Konzertsaal mit leeren Rängen aufrufen, in dem die Musik gewissermaßen ziellos umherirrt. Ich kann andererseits an das Erlebnis eines Konzertes erinnern, bei dem man die Musik zusammen mit vielen anderen Menschen hört, ja bei dem man sich als Teil einer Menschenmenge und die Musik als den gemeinsamen Zustand dieser Menge wahrnimmt.

Nach meiner Erfahrung kann man solche Gespräche schon mit Kindern in der Grundschule führen und sie so aus der Rolle des mehr oder weniger zerstreuten Medienkonsumenten herausführen, hin zu einem Bewusstsein von der Art der Veranstaltung und ihrem eigenen Beitrag dazu. Die Ergebnisse sind in jedem Fall ganz entschieden besser als die für alle Seiten nur peinlichen Bitten, jetzt recht fein still zu sitzen, nichts zu sagen und die Klettverschlüsse in Ruhe zu lassen. Ich gehe so weit zu behaupten, dass, wenn mir diese Einleitung gelingt, die anschließende Lesung mit großer Sicherheit ein Erfolg wird.

Der letzte Kniff, den ich hier erwähnen möchte, ist wieder ein im Grunde simpler: Ich trage den Text teilweise auswendig vor. Im Gegensatz zu meinen anderen Büchern, für die ich eine Reihe unterschiedlicher Programme zusammengestellt habe, lese ich aus den Büchern für jüngeres Publikum stets die gleichen Passagen. Die Verbindungen dazwischen werden nötigenfalls durch Überleitungen geleistet, bei denen ich das Publikum einbinden kann. Dieses Verfahren gibt mir, so habe ich festgestellt, eine größere Sicherheit. Als automatischer Nebeneffekt hat sich dabei eingestellt, dass ich die betreffenden Passagen sehr bald auswendig kannte.

Bei den Lesungen stelle ich diese Fähigkeit aber nicht wie einen Zirkustrick aus. Ich beginne vielmehr aus dem Buch zu lesen, um es dann an bestimmten Stellen, es müssen nicht immer dieselben sein, sinken zu lassen oder es hinter dem Rücken zu halten und frei weiter zu sprechen. Meistens bis zu einer erkennbaren Zäsur im Text, worauf ich ohne besonderen Übergang wieder im Vorlesen fortfahre.

Ich gebe gerne zu, dass das Effekt macht. Es ist ja auch bewundernswürdig, wenn da einer eine Seite, oder gar mehr, auswendig und mit engagierter Betonung hersagen kann, während man selbst sich schon mit dem Auswendiglernen wesentlich kleinerer Textmengen quält. Und mit dem Nebeneffekt, dass meine Zuhörer gespannt verfolgen, ob ich durchkomme, ohne mich zu verhaspeln, kann ich natürlich ganz gut leben. Wer schätzt nicht ein konzentriertes und aufmerksames Publikum!

Aber im Wesentlichen geht es mir nicht darum, wie ein Jongleur meine Zuhörer bloß in atemlose Spannung darüber zu versetzen, ob mir ein ungefährliches Kunststück gelingen wird. Der Wechsel zwischen dem ostentativen Vorlesen und dem Auswendig-Vortragen verdeutlicht vielmehr noch einmal den Zusammenhang zwischen »Gebärde« und »Leben«. Er zeigt den geschriebenen Text als Nachahmung gesprochener Sprache – und die lebhafte, gestische, gesprochene Sprache als gelungene Rückübersetzung aus dem geschriebenen Text.

Wäre ich ein Schauspieler, so würde man von mir erwarten, dass ich meinen Text auswendig könnte. Das wäre nichts Besonderes, sondern der Normalfall. Denn der Schauspieler spielt ja nur eine Figur. Wenn er spricht, dann nur den Text, aus dem er die Figur in seiner Interpretation entstehen lässt. Ich bin aber kein Schauspieler, also Teil eines Ganzen, sondern ein Vorleser, der eine ganze Geschichte erzählt, in der neben dem Erzähler auch viele verschiedene Personen zu Wort kommen können. Ich leihe meine Stimme also nicht einer Figur allein, wie es der Schauspieler tut. Als Geschichtenerzähler stehe ich vielmehr für das Ganze des Textes. Das gilt selbst für einen Ich-Erzähler, da auch der nicht bloß sich selbst, sondern einen ganzen Kosmos zu vermitteln hat.

Durch den ständigen Wechsel zwischen Ablesen und freiem Vortrag vollziehe ich nun die innere Lesebewegung jedes Lesers nach: Ich orientiere mich zunächst erkennbar an einem Text, ich diene ihm. Dann verlasse ich ihn, um meiner eigenen Interpretation erkennbar Raum und Gestalt zu geben – und kehre doch immer wieder zum Text zurück. Indem ich so lese, bin ich also die Verkörperung eines jeden Lesers, der permanent aus dem Text seine eigene Welt entwirft, sich damit in gewisser Hinsicht vom Text entfernt, aber letztlich auf ihn angewiesen bleibt.

Das war's an Theorie. Jetzt kann ich beginnen.

8. Kapitel
Große Pause, Lehrerzimmer, Fachgespräch

Zwischen der ersten und der zweiten Lesung an diesem Vormittag liegt, wie häufig, eine Pause. Meistens verbringe ich sie im Lehrerzimmer, zusammen mit den Lehrerinnen, die mich eingeladen haben. Kaffee oder Tee? Stilles Wasser, belegte Brote. Freundliches Händeschütteln mit den Kolleginnen und Kollegen, deren Klassen nicht an dem Lesemorgen beteiligt sind. Die meisten von ihnen sind kurz angebunden, verständlicherweise, es gibt viel zu tun, die Arbeit strengt an, Pausen sind willkommen und immer zu kurz. Seitdem ich in Schulen lese, ist mein Respekt vor dem Beruf des Lehrers derart gestiegen, dass ich mindestens die Hälfte aller Anlässe zur Kritik übergehe.

Allerdings überfällt mich im Lehrerzimmer, nachdem ich mich in der letzten Stunde vor und mit meinen Zuhörern gewissermaßen nach Hause gesprochen habe, regelmäßig wieder das Gefühl, fremd und fehl am Platze zu sein. Vielleicht schäme ich mich hier auch der Freiheiten, die mir mein Beruf lässt, zum Beispiel der Freiheit, meinen Arbeitsplatz so ganz nach meinen Vorstellungen einrichten und dabei auch die vertrackteste Ordnung durchsetzen zu können. Lehrerzimmer hingegen sind, jedes auf seine Art, chaotische Räume. Meistens ist das Chaos zwar irgendwie gut aufgeräumt, dennoch wirken Lehrerzimmer auf mich verstörend. Eigentlich sind sie alle Unräume. Sie müssen eine Vielzahl wichtiger Funktionen erfüllen, darunter die, den Lehrkräften eine gewisse Privatsphäre einzuräumen. Trotzdem, oder gerade deswegen, tun sie sich äußerst schwer damit, überhaupt wie einigermaßen geschlossene Lebensräume zu wirken. Auf mich machen sie eher den Eindruck von zweckdienlichen Versorgungsstationen, die heute so und morgen ganz anders aussehen können. Die Vielzahl verschiedener Interessen ihrer Benutzer lässt am Schluss gar keine Gestaltung zu, weil jede Absicht von einer anderen gestört oder aufgehoben wird.

Lehrerzimmer sind wie vollgesogen mit den täglich wiederkehrenden Bemühungen und den immergleichen Problemen ihrer zum Teil langjährigen Bewohner. Auf einen wie mich, der solche Orte der Routine besucht, um sie gleich wieder zu verlassen, wirken sie beklemmend und einschüchternd. Bis heute fühle ich mich im Lehrerzimmer wie einer, der vom Ernst des Lebens und der Langwierigkeit aller Arbeit keine Ahnung hat. Ich bin hier wieder (oder immer noch) der Junge, der die Erwachsenen bei der Arbeit stört.

Daher bin ich froh, wenn man mir im Lehrerzimmer ein Gespräch anbietet, in dem ich mich irgendwie sachkundig oder gar kompetent geben kann. Meistens dreht sich ein solches Gespräch dann um die aktuellen Lesegewohnheiten von Kindern und Jugendlichen und insbesondere um ihr Verhältnis zur Literatur. Die meisten Lehrer berichten bei dieser Gelegenheit davon, wie schwer es ist, ihre Schüler zum Lesen längerer Texte zu animieren. Und schließlich werde ich, der Autor, gefragt, wie ich denn glaube, dass man Kinder zum Lesen bringen könne. Ich gebe darauf immer zwei Antworten.

Die erste Antwort ist nicht eigentlich meine, sie wird mir vielmehr von der neueren Genforschung diktiert. Sie lautet: Man bringt Kinder nicht zum Lesen. Ob sie lesen oder nicht, ist bei ihrer Geburt schon entschieden.

Denn wenn dem Menschen unter anderem die Haarfarbe, seine Neigung zum Bauchansatz, seine Vorliebe für Campingurlaube und seine finale Erkrankung in den genetischen Code geschrieben sind, dann sicher auch, ob er eher introvertiert oder eher extrovertiert ist, ob er es lieber laut oder leise hat, ob er lieber schaut oder hört und so weiter. Eine Erziehung zum Lesen hat es infolgedessen entweder sehr schwer oder sehr leicht. Ich kenne, wie wohl jeder, aus dem Bekanntenkreis beide Fälle. Kinder gibt es, die schleppt man nur mit zehn Pferden zum Buch. Anderen muss man im Interesse ihrer Gesundheit gelegentlich das Buch aus der Hand nehmen. Mit anderen Worten: Man bringt Kinder nicht zum Lesen; entweder sie lesen oder sie lesen nicht. Basta.

Meine zweite Antwort ist etwas weniger vom Schicksal und seinen modernen Priestern, den Genforschern, bezogen. Sie orientiert sich vielmehr an der älteren Milieutheorie, nach der das Lebensumfeld eines Menschen einen entscheidenden Einfluss auch auf seine innere Entwicklung hat. Doch ich muss mich bei den Lehrerinnen und Lehrern am Tisch gleich entschuldigen. Denn ich habe weder ein leicht zu befolgendes Patentrezept noch eine Liste mit probaten Lesetipps auf

Lager. Im Gegenteil! Ich glaube, wer Kinder zum Lesen bringen will, hat zunächst einmal nicht an ihnen, sondern an sich selbst die wichtigste Arbeit zu leisten.

Kinder, so die Quintessenz meiner zweiten Antwort, kommen nicht durch viele Ermahnungen oder durch das überaus spannende, das heitere oder das raffinierte Buch mit dem reizenden Gimmick zum Lesen, sondern ganz wesentlich dadurch, dass sie in ihrer Familie eine Kultur der Sprache vorfinden. Denn jeder Lesekultur geht die Sprachkultur voran.

Und was genau ist Sprachkultur? Zunächst einmal die der Eltern. Nichts erzieht nach meinem Dafürhalten besser als das Vorbild. Niemals werde ich einen kleinen Menschen zu akzeptablen Tischsitten bewegen, wenn ich selbst permanent schlürfe, schlinge und das Messer ablecke. Ebenso wird jede Anleitung zum Lesen versagen, wenn der, der animiert, kein Interesse für Sprache zeigt oder die Beschäftigung mit Sprache und Sprachgebilden gar ausdrücklich geringschätzt (etwa im Gegensatz zur Beschäftigung mit den »berufswichtigen« Fächern). Es geht also nicht um ostentative und eher abschreckende Kulturrituale wie das Konfiszieren von Comics oder die Lobrede auf das gute Buch, mit der ich als Junge noch gepiesackt wurde. Es geht vielmehr darum, auch schon dem allerkleinsten Menschen zu signalisieren, dass die Beschäftigung mit Sprache, also zum Beispiel die Versenkung in einen geschriebenen Text, etwas ganz besonders Wichtiges ist.

Und damit bin ich wie von ungefähr wieder beim

Grund meines Aufenthalts in der Schule. Denn was ich eben im Klassenzimmer oder in der Aula praktiziert habe, das Vorlesen, sollte ja eigentlich die Fortsetzung einer Praxis sein, die im Elternhaus begonnen hat. Das Vorlesen, da wiederhole ich mich gerne, ist die erste und beste Leseanleitung. Und es ist die wichtigste. Daher hat in den 43 Prozent der deutschen Haushalte mit Kindern, in denen, wie ich unlängst hörte, nicht mehr vorgelesen wird, jede weitere Leseförderung einen denkbar schlechten Stand.

Was man sonst noch tun kann, weiß im Grunde jeder: den Besuch und die Benutzung der Bibliothek einüben, Bücher kaufen und pflegen, über Lektüren reden, Kritik einüben, Lesungen besuchen. Etwas anderes aber ist mir fast noch wichtiger: die Pflege der Alltagssprache. Denn wenn ein Mensch dauerhaft Interesse an wohlgeformten, durchdachten und sinnvollen Texten haben soll, dann müssen solche Texte auch in seinem Sprechalltag ihren Platz haben und nicht bloß im Deutschunterricht. Ja, dann muss er angeleitet werden, solche Texte im Alltag selbst formulieren beziehungsweise ein durchdachtes und geformtes Sprechen würdigen zu können.

Das heißt jetzt natürlich nicht, ich wollte die Familie mit zwei Kindern darauf verpflichten, beim Frühstück am Sonntagmorgen in Gedichten miteinander zu reden. Und ich will auch nicht zu einem Vernichtungsfeldzug gegen Jugendjargon oder Modewörter aufrufen. Es gibt für viele Sprechweisen ihren angemessenen Ort, auch für die Sprache der comichaften Verknappung und der modischen Übertreibung. Platz aber muss es im Alltag auch geben für eine Sprache, die sich und ihre Inhalte genau nimmt. Ein dauerhaftes und wesentliches Interesse an Literatur kann nur entwickeln, wer Schönheit und Präzision von Sprache auch in der täglichen Kommunikation zu schätzen lernt. Und hier können Eltern sehr viel tun. Täglich besteht die Chance, besondere Sprachleistungen, die über das Niveau des normalen Informationsaustauschs hinausgehen, zu fördern und zu würdigen.

Ein paar Beispiele: Ich kann Kinder dazu ermuntern, den täglichen Bericht über Erlebnisse im Kindergarten oder in der Schule ein wenig zu strukturieren oder besonders zu gestalten, zum Beispiel durch eine Parodie. Ich kann, statt über jeden der Witze, die in einem bestimmten Alter von Kindern Hochkonjunktur haben, freundlich (oder desinteressiert) zu lachen, behutsam zu einer Qualitätskontrolle ermuntern. Jeder Witz ist eine äußerst präzise Kürzestgeschichte, in der jedes Wort an der richtigen Stelle sitzen muss, weil sonst die ganze Wirkung verloren geht. Hier lässt sich nach meiner Erfahrung hervorragend vermitteln, dass etwas durch die Art, wie man es sagt, entscheidend geprägt wird. Gerne (und etwas wehmütig) erinnere ich mich an die Witzkritik und die Witzwettbewerbe, die einmal eine Zeitlang an unserem Mittagstisch üblich waren und die unsere Jungs nach anfänglicher Skepsis sehr gemocht haben. Und so gibt es noch viele andere alltägliche Proben aufs Exempel einer Sprechkultur, die Hand in Hand mit der Lesekultur geht, wenn sie nicht sogar ihre Voraussetzung ist.

Das sind meine zwei Antworten. Sie widersprechen einander, wie es radikaler wohl kaum möglich ist. Aber es dürfte wohl kein Zweifel daran bestehen, welcher Antwort ich den Vorzug gebe.

9. Kapitel
Große Pause. Allein. Selbstgespräch

Manchmal verbringe ich die Pause zwischen meinen Lesungen auch alleine, selten auf dem Schulhof, meistens im Klassenzimmer oder in der Aula. Die Bitte an meine Gastgeber, mich in Ruhe etwas sammeln zu dürfen, erscheint mir zwar immer ein bisschen albern oder gespreizt, aber Lesungen vor Schulklassen sind tatsächlich eine auch körperliche Anstrengung, nach der ich eine Ruhephase brauchen kann.

Im leeren Klassenzimmer ist es fast bedrohlich still. Wenn ich jetzt Selbstgespräche führe, muss ich fürchten, dass es geradezu dröhnt. Also denke ich, wenn ich im Folgenden darüber nachdenke, was hier ansonsten so geschieht, besser möglichst leise.

Ich habe in den letzten Jahren zwar viele Schulklassen besucht, und in der Regel waren meine Gastgeber auch Deutschlehrer, aber am Unterricht habe ich nur selten teilgenommen. Den aktuellen Deutschunterricht habe ich eher in Gesprächen mit befreundeten Lehrern kennengelernt. Und hauptsächlich durch die Berichte unserer beiden Söhne, die heute sechzehn und neunzehn Jahre alt sind. Dabei bin ich immer der Devise gefolgt, mich in den Unterricht meiner Söhne nicht einzumischen, auch dann nicht, wenn ich etwas erfuhr, das mir (als dem Fachmann) falsch oder gar hanebüchen erschien. Die meisten Mütter und Väter sind ja Fachfrau oder Fachmann für dies und jenes; ein Besserwissen und Dreinreden ist also immer möglich. Ob es allerdings hilfreich ist, steht dahin. Der Unterricht, egal in welchem Fach, ist ein sehr komplexer Vorgang, der sich zusammensetzt aus einer Vielzahl von fachlichen, sozialen und psychologischen Komponenten. Da ist es in der Regel wenig aussichtsreich, das grobe Werkzeug eines Ad-hoc-Verbesserungsvorschlags anzusetzen. Außerdem sind die Eltern Partei. Das ist gut so, aber man kann nicht Partei und Richter zugleich sein.

Allerdings habe ich mir immer mein Teil gedacht, wenn meine Söhne aus der Schule berichteten. Schließlich war ich während meiner Zeit als wissenschaftlicher Assistent an der Ausbildung von Deutschlehrern beteiligt. Zudem spiegelt sich im aktuellen Zustand des Deutschunterrichts die Geltung, die das Fach und seine Gegenstände heute besitzen. Auch und gerade was Literatur momentan bedeutet, lässt sich hier ablesen.

Wenn ich nun Revue passieren lasse, was ich in den letzten Jahren erfahren habe, dann bereitet mir das schwere Sorgen. Der Deutschunterricht begibt sich zunehmend unter die Kuratel einer falschen Objektivierung. Natürlich verstehe ich den Anspruch, Lerninhalte zu normieren, um damit Lernerfolge exakt bestimmen und nachvollziehbar gegeneinander gewichten zu können. Notenvergabe darf kein Lotteriespiel sein, auch nicht beim Besinnungsaufsatz. Aber gerade dem Deutschunterricht schadet die aktuelle Tendenz, alle Inhalte mit dem Ziel zu lehren, sie in Multiple-Choice-Tests abfragen zu können. Ich sehe den Deutschunterricht durch

Curricula und Vorschriften der Gefahr ausgesetzt, sein wichtigstes Ziel nicht mehr zu erreichen. Und das lautet für mich: deutlich zu machen, dass der Mensch im Wesentlichen ein sprechendes Wesen ist. Der Deutschunterricht sollte vermitteln, dass Menschen sich vor allem sprechend realisieren und dass der Grad ihrer Sprachfähigkeit dem ihrer Lebensfähigkeit entspricht.

Ziel des Deutschunterrichts müsste es also sein, die Fähigkeit zu einem bewussten Umgang mit Sprache zu stärken. Statt daherzureden wie alle oder gar allem hinterherzureden, sollten junge Menschen am Ende ihrer Schulzeit in der Lage sein, ein Sprechen in allgemeinen und abgedroschenen Phrasen von einem Sprechen als individuellem Ausdruck unterscheiden zu können. Sie sollten imstande sein, ihr eigenes Sprechen wahrzunehmen, nicht als ein Absetzen von Informationen, sondern als Ausdruck ihrer Persönlichkeit.

Und nun bitte: keine Missverständnisse! Niemand muss im Deutschunterricht zum Schriftsteller werden; es ist nicht einmal von alles entscheidender Bedeutung, ob man mit einer besonderen Liebe zur Literatur die Schule verlässt oder nicht. Aber ein Grundverständnis für die Funktion der Sprache und ihre Bedeutung bei der Gestaltung und beim Ausdruck der Persönlichkeit ist unabdingbar, will man nicht ein Leben aus zweiter Hand beziehungsweise mit gebrauchter Zunge führen.

Dieses Grundverständnis zu gewinnen, ist die Beschäftigung mit Literatur allerdings der beste Weg. Denn Literatur ist immer beides: ein gekonnter Umgang mit Sprache als dem Modus der Verständigung mit anderen, dabei gleichzeitig die Konstruktion von ganz Eigenem und Unverwechselbarem. Romane sind höchst individuelle ästhetische Gebilde, zugleich schließen sie vielen Menschen eine ganze Welt auf. In Literatur ist immer beides: Sprache als Ausdruck und Sprache als Kommunikation.

Leider sehe ich im aktuellen Deutschunterricht eine Tendenz, eher anhand von Sachtexten die Sprachkompetenz der Schülerinnen und Schüler fördern zu wollen. Sachtexte scheinen den Vorzug zu besitzen, quasi umweglos zur Sache zu kommen und damit gleich eine kommunikative Basis ihrer Besprechung zu liefern. Man kann sich hier, im Gegensatz zur Literatur, rasch eine Meinung bilden und diese dann in der Diskussion vertreten.

Doch das ist ebenso richtig wie irreführend. Der Deutschunterricht mag als Meinungsaustausch hübsch lebendig und angeregt erscheinen und damit zeitgenössischen Vorstellungen von gelingender Kommunikation entsprechen. Doch in der Behandlung von Sachtexten liegt immer die Gefahr, dass die Beteiligten allzu schnell durch den Text hindurch auf etwas schauen, das auch außerhalb seiner sprachlichen Darstellung zu existieren scheint: auf die sogenannten Fakten. Umgehend ist der Deutschunterricht dann nur noch einen kleinen Schritt vom Politik-, Sozialkunde-, Geschichts- oder Religionsunterricht entfernt – wenn er nicht gar mit ihnen identisch wird.

Das aber darf nicht sein Ziel sein. Es geht um die Vermittlung von Sprachkompetenz als einem Vermögen, das *jeder* Sachkompetenz vorangeht! Nur in einer freien, nicht sach- oder faktenfixierten Beschäftigung mit Literatur kann eine Sprachkompetenz gefördert werden, die neben den kommunikativen auch die persönlichkeitsbildenden Qualitäten der Sprache umfasst. Und ohne Persönlichkeit, das heißt ohne ein Ich, das verstehen und deuten kann, sind alle Sachen und Fakten nichtig und tot.

Es ist typisch für unsere Zeit, dass ausgerechnet ein Hollywood-Film der erfolgreichste oder immerhin der populärste Propagator dieses Zusammenhangs und damit der Bedeutung von Literatur in der Schule war – und es bis heute ist. Eine Szene aus dem »Club der toten Dichter« von 1989 kennt man, wenn man sich mit Literatur befasst, auch ohne den Film jemals gesehen zu haben. Sie hat sich als allegorische Geste aus ihrem Zusammenhang gelöst: Ein junger Englischlehrer reißt in der ersten Stunde vor seiner neuen Klasse den Einleitungstext aus dem vorgeschriebenen Lesebuch. Es handelt sich dabei um eine trockene Gebrauchsanleitung, die den Schülern die Instrumente zur Analyse und Bewertung von Gedichten in die Hand drücken will wie Messer und Säge; universelle Werkzeuge, mit denen sich Lyrik zergliedern und analysieren lässt wie eine Leiche auf dem Seziertisch. Einen solchen Text aber heißt es irgendwann zerreißen, will man nicht das Poetische ermorden, indem man es zum Produkt der Anwendung kommunikationsästhetischer Regeln erklärt. Wer wirklich ein Lehrer für Poesie sein will, der hat irgendwann tatsächlich die Aufgabe, den Zwang solcher Zurichtungen der Literatur abzuschütteln.

Die Überwindung des Regelwerks ist das Ziel der Vermittlung ästhetischer Gegenstände. Ob man dazu freilich schon in der ersten Stunde das Lehrbuch zerreißen sollte, wage ich zu bezweifeln. Denn einerseits muss es die Lehrbücher geben. Sie dokumentieren die Auseinandersetzung über Kunst und ihre Qualität. Sie stellen Begriffe zur Verfügung, mit deren Hilfe sich das Aneinander-Vorbeireden zumindest reduzieren lässt. Andererseits sind Regeln genau das, was Kunst im Gelingen hinter sich lässt. Ja, in der Kunst müssen Regeln sogar permanent missachtet und überwunden werden, um dem Plagiat zu entgehen.

Deshalb reißt der junge Lehrer im Film so demonstrativ das Theoriekapitel aus dem Lesebuch. Nicht weil alle Deutungen und Regeln darin schlecht wären, das sind sie gar nicht, sondern weil man sich der Literatur nur nähern kann – sei es schaffend, sei es betrachtend – wenn man sich nicht von vornherein allein auf die Verstehensleistungen anderer verlässt. Einen Text zu interpretieren heißt nicht, genau *die* Lösung zu finden, die andere schon gefunden und als verbindlich erklärt haben. Es kommt vielmehr ganz auf die Eigenleistung des Verstehens an. Man interpretiert literarische Texte, um die Fähigkeit zur selbständigen Auffassung komplexer sprachlicher Gebilde zu schulen. Meine Interpretation mag noch so regelgerecht und von der Sekundärliteratur abgesichert sein, sie bleibt blutleer und sinnlos, wenn ich sie nicht mit meiner unvergleichlichen Seh- und Denkweise belebe, wenn sie nicht tief in mir ihren wesentlichen Grund hat. Literatur zu verstehen erschöpft sich eben nicht in der Anwendung von Verfahren – es ist vielmehr eine kreative Auseinandersetzung meiner Wahrnehmung und meines Intellekts mit den Wahrnehmungs- und Denkakten derer, die den Text geschrieben oder ihn vor mir gelesen haben.

Und natürlich sind das alles Binsenweisheiten! Ich muss mich jedes Mal entschuldigen, wenn ich sie – und sei es im Selbstgespräch – wiederhole. Die meisten Lehrer, die mit der Vermittlung von ästhetischen Gegenständen beschäftigt sind, werden mir im Prinzip uneingeschränkt zustimmen. Im Prinzip, ja. – Aber dann gibt es da bekanntlich noch die Praxis der Schule.

Und die Praxis der Schule orientiert sich zunehmend nicht an der Individualität von Lernerfahrungen, sondern an der Kompatibilität von Lerninhalten sowie insbesondere an der Kompatibilität der Lernergebnisse. Oder anders ausgedrückt: Dem Schüler wird heute sehr nachdrücklich das Recht zugestanden, im Deutschunterricht kein Genie sein zu müssen. Er darf nicht einmal dazu ermuntert werden. Was einzigartig ist an ihm, das darf – besser: das muss – hinter dem zurückstehen, was ihn und seine Leistungen mit anderen vergleichen lässt. Und das Ergebnis dieses Vergleichs, also die Notengebung, muss so objektiv sein, dass sie auch extern nachvollzogen und beurteilt werden kann, notfalls von Gerichten.

Im Endeffekt ist damit der Lehrer auch von der schwierigen Aufgabe befreit, die ganz verschiedenen Charaktere und Temperamente seiner Schülerinnen und Schüler bei der Beurteilung ihrer Arbeiten ins Kalkül zu ziehen. Dreißig Deutscharbeiten zu korrigieren, läuft nicht länger auf die Zumutung hinaus, Äpfel mit Birnen und Kirschen vergleichen zu müssen.

Die Zielvorstellung einer solchen Objektivierung von Lernerfolgen mündet momentan in einer Veranstaltung, deren Titel fast schon den Klang eines Zauberwortes hat: das Zentralabitur. Seit Jahren verfolge ich, wie das Hinarbeiten auf die große landesweite Abschlussarbeit mit Macht den Deutschunterricht prägt. Gespeist vom Fetisch des Zentralabiturs verstärkt sich die Tendenz, alles zu unterlassen, was einer Individualisierung von Unterricht und Lernerfolgen Vorschub leisten könnte. Ich schildere ein Beispiel, das neben vielen anderen ein Grund für meine kritische Haltung zu dieser Tendenz ist.

Mein Sohn schrieb in der zwölften Klasse eine Deutscharbeit; Thema war eine Stelle aus Theodor Fontanes Roman »Irrungen, Wirrungen«. Dessen Hauptfigur Botho ist alleine zu Hause und verbrennt die Briefe seiner Geliebten Leni, die er verlassen musste, um eine standesgemäße Ehe mit seiner Cousine Käthe eingehen zu können. Doch das Verbrennen der Briefe löscht die Erinnerung nicht aus, sondern verstärkt sie nur. Diese Stelle galt es zu interpretieren.

Seine Arbeit bekam mein Sohn zusammen mit einem eng bedruckten DIN-A4-Blatt zurück. Darauf war eine Vielzahl möglicher Teil- oder Detail-Interpretationen zu der Romanszene aufgeführt. Mit Rotstift hatte der Lehrer auf diesem Blatt die Stellen markiert, an denen mein Sohn besonders nah an den Vorgaben war oder sie genau getroffen hatte. Die Treffer schlugen sich in Punkten nieder, die am Schluss addiert wurden. Das Blatt lag mir in der Hand wie der Prüfbogen vom TÜV.

Natürlich wird so etwas als Fortschritt hin zu einer gerechten Benotung gewertet. Die Schüler können jetzt nicht nur genau sehen, welches Maß an »richtiger« Interpretation sie geleistet haben; sie können überdies ihre eigenen Arbeiten mit denen anderer vergleichen und so das Zustandekommen der Note nachvollziehen.

Ich würde angesichts dieser Praxis allerdings gerne wie der Lehrer Keating aus dem »Club der toten Dichter« auf ein Pult steigen und diese Literatur-TÜV-Blätter zerreißen. Ich weiß, das Verfahren gilt als transparent und gerecht, es soll Vergleichbarkeit und Objektivität sichern, Werte, die in einer Demokratie vollkommen zu Recht besonders hoch rangieren. Aber das Verfahren wird meines Erachtens dem Wesen dessen nicht gerecht, was der Deutschunterricht vermitteln und was er anstreben sollte. Wenn er sich mit Literatur befasst, dann mit bedeutenden Akten eigenständigen Denkens und Empfindens – und genau dies soll den Schülern nahegebracht werden. Was freilich bedeutet, dass gerade die besten Ergebnisse einer solchen Anstrengung überhaupt nicht TÜV-gerecht sein können! Ein einziger ganz und gar eigener Satz kann die Enumeration von lauter richtigen Sätzen wegfegen. Trifft einer nur das Wort, sind alle Listen Makulatur.

Ich habe im betreffenden Fall ein paar der Klassenarbeiten lesen und mit den Lösungsbögen vergleichen können. An der Stelle, da Botho den Balkon seiner Wohnung betritt, konnte man Punkte sammeln, wenn man schrieb, dass er, der in seiner standesgemäßen, aber oberflächlichen Beziehung gefangen ist, sich zu befreien versucht, indem er die Wohnung verlässt. Keine Punkte gab es allerdings für den Schüler, der geschrieben hatte, selbst auf dem Balkon begegne Botho nur seiner Frau, denn die Markise mit den langen blauen Fransen, unter der es so stickig ist, stehe ja auch für Käthes Dekorationswut und damit für ihren Einfluss auf Botho.

Das war natürlich eine vollkommen richtige Bemerkung, die davon zeugte, dass hier jemand die Bildersprache Fontanes und sein Geflecht von Anspielungen verstanden hatte. Aber ein Punkt war dafür nicht vorgesehen. Und da der betreffende Schüler es unterlassen hatte, die gewissermaßen vorgängige Interpretation zu notieren, dass ein Hinaustreten auf den Balkon normalerweise ein kleiner Akt der Befreiung ist, bekam er weniger Punkte für diese Stelle als die Schüler, die nur das Stereotype an der Szene wahrgenommen hatten. – Wenn Interpretation aber dergestalt auf ein Abrufen von Gemeinplätzen reduziert, wenn die Entfaltung des Textes im Leser mit Hinblick aufs Punktesammeln eingeschränkt wird, dann verliert Literatur ihre wesentliche Funktion als Proberaum fürs Selbstdenken.

Ich habe die Entwicklung hin zum Zentralabitur kommen sehen, als ich von Anfang bis Mitte der neunziger Jahre an der Universität Proseminare gab, vor allem für angehende Deutschlehrer. Mir gegenüber saßen damals im Schnitt etwa dreißig junge Damen und Herren, die zwar noch kein Zentralabitur gemacht hatten, aber schon Kinder eines Zeitgeistes waren, der eine solche Veranstaltung anstrebte. Denn sehr viele von den dreißig baten Stunde für Stunde, teils explizit, teils schweigend, um ein Regularium, das sie durch dieses Studium tragen sollte. Durch ein Studium übrigens, das sie oft bloß aus Entscheidungsschwäche, wenn nicht gar aus Panik vor den Naturwissenschaften gewählt hatten. Währenddessen stand ich hinter einem Pult, auf das zu steigen ich mich nie getraut habe, und warb Stunde für Stunde flehentlich fürs Selbstdenken.

Oft genug allerdings vergeblich. In meiner Sprechstunde saßen mir Zwanzigjährige gegenüber, die nicht hören wollten, dass einer, wenn er es denn *kann*, alles Wesentliche über ein Gedicht durchaus auf acht Seiten sagen *darf*. Sie wollten vielmehr partout wissen, wie viele Seiten sie schreiben *mussten*, um einen Schein zu bekommen. Manchmal kamen sie mir vor, als wären sie durch eine Gehirnwäsche gegangen: Ausgerechnet die große Verheißung der Aufklärung, das Selbst-denken-Dürfen als Befreiung aus der Unmündigkeit – für sie schien das eher ein Fluch zu sein.

Ich sage es freimütig: Als ich vor fünfzehn Jahren die Universität verließ, war ich froh, nicht mehr mit Menschen hadern zu müssen, die eigentlich schon ob ihrer Jugend für eine radikale Freiheit des Geistigen hätten eintreten müssen, tatsächlich aber durch ihre Haltung eine Bürokratisierung der Geisteswissenschaften beförderten. Der Fairness halber will ich allerdings gleich hinzufügen, dass mir der Abschied von den anderen, also vom Club der toten Dichter, äußerst schwergefallen ist. –

In der Fabel wollen die Frösche einen König. Zuerst bekommen sie einen Klotz, aber dafür sind sie zu klug. Sie wollten doch einen richtigen Herrscher. Also bekommen sie die Schlange. Jetzt höre ich, wenn es um die Universität geht, überall nur noch den Namen des neuen Königs: Bologna der Erste, Herr über die große Kompatibilisierung des europäischen Hochschulwesens. Man kann jetzt hier oder dort studieren und dann anderswo seine Titel behalten. Das ist gut und richtig so. In den Naturwissenschaften dürfte es sich von selbst verstehen, dass eine Basisausbildung in Rom einer in Stockholm oder Madrid so ähnlich wie möglich sein sollte. Und machbar ist das sicher auch.

Doch in den Geisteswissenschaften ist das anders. Deren wesentliche Studienziele verschwinden meines Erachtens während der zwanghaften Angleichung von Studieninhalten und -abschlüssen traurig winkend am Horizont. Ich sage es auf die Gefahr hin, inkorrekt zu werden: Geisteswissenschaften, die sich dergestalt kundenfreundlich gerieren, indem sie ihre Angebote globalisieren, werden in Zukunft außerstande sein, Protagonisten hervorzubringen, die den Wert ihres Faches auch außerhalb der ach so engen Institutsmauern erfolgreich repräsentieren können. Wo auf Norm gesetzt wird, wird nur das Normale erreicht werden. Lehrer, die auf Pulte steigen, werden an unseren Universitäten nicht ausgebildet.

Dabei brauchen wir nicht nur an der Schule, sondern überall in der Gesellschaft Selbstdenker und Generalisten, Menschen, die in einer sich rasant spezialisierenden und diversifizierenden Gesellschaft die Absicht verfolgen, auch weiterhin von dem zu sprechen, was »die Welt im Innersten zusammenhält.« Also vielleicht: von Geist, von Sprache. Fachmannschaft ist sicher nötig und wünschenswert. Aber Fachmannschaft hält das gefährliche Auseinanderdriften der Gesellschaft und die Verwandlung der Bürger in Konsumenten mit immer disparateren Interessen nicht wirksam auf.

Doch wer heute in Deutschland einen geisteswissenschaftlichen Lehrstuhl bekommt, der steigt nicht hinauf, um von oben gesellschaftliche Impulse zu geben. Er braucht diesen Lehrstuhl vielmehr dringend, um sich darauf von einer gewaltigen Erschöpfung zu erholen. Fünfzehn und mehr Jahre hat er sich durch Seminare und Colloquien, Gremien, Ausschüsse und Kommissionen, oder sagen wir: durch eine Wüste der Anpassung und Nivellierung geschleppt. Ich kann die ehemaligen Kolleginnen und Kollegen aus meiner Assistentenzeit verstehen, wenn sie sich nach der Installierung auf einer

Professur in sehr spezielle Forschungsgebiete zurückziehen, in denen sie nach dem Prinzip des »cuius regio, eius religio« ruhig und unangefochten agieren können. Allein, so wird man keiner, der sich mit Erfolg öffentlich gegen die Austrocknung der Geisteswissenschaften wird wehren können. So wird man keiner, der gegen den Terror des Drittmittel-Rankings ansprechen kann. Und keiner, der wiederum Schüler hat, die nur darauf brennen, demnächst vor ihren Schülern das Lehrbuch zerreißen zu dürfen! Am Ende wird unversehens die Nische zur Gruft.

Ich weiß, das Folgende ist unendlich schwer zu formulieren. Wer sagt, dass den Geisteswissenschaften eine Umsetzung der demokratischen Tugenden Objektivität, Gleichheit und Transparenz nicht gut bekommt, der läuft Gefahr, mit Überzeugungen und Haltungen in Verbindung gebracht zu werden, die vollkommen zu Recht abgelehnt werden. Aber wie die Kunst selbst hat auch die Geisteswissenschaft nun einmal nicht die Tendenz auf demokratische Tugenden wie Verlässlichkeit, Kompatibilität und Markentreue. Idee der Geisteswissenschaft ist es auch nicht, bloß irgendeinen musealen Bestand zu sichern. Sie befördert vielmehr Energie und Dynamik des Denkens, auch auf die Gefahr hin, dessen Richtung nicht vollkommen bestimmen zu können. Es wird daher in Zukunft unendlich schwierig sein, dieses Wesen der Geisteswissenschaft dem demokratischen Bewusstsein zu vermitteln.

Aber es muss gelingen! Denn die Demokratie ist

ein Kind des Geistes. Sie darf ihre Eltern nicht entlassen oder verraten. Momentan aber will es scheinen, als wollte sie. Und daher bin ich sehr in Sorge.

Allein, die muss ich jetzt zurückstellen, denn es klingelt zur nächsten Stunde.

10. Kapitel
Fragestunde

Bei der zweiten Lesung eines Vormittags ertappe ich mich manchmal dabei, seit ein paar Sätzen nicht wirklich vor Ort und bei der Sache zu sein. Irgendetwas hat mich abgelenkt, und während der Vorleser weiter seinen Text liest und lebt, bin ich in Sorge um eine Verwaltungssache oder um die Klassenarbeit eines Sohnes. Es folgt dann eine Schrecksekunde, in Panik denke ich: »Hat das jemand gemerkt?«, und dann baue ich mich mit dem Vorleser rasch wieder zu einer Person zusammen.

Ich glaube, ich sagte es schon: Ich verabscheue Routine. Das heißt, ich verabscheue die Wiederkehr des Gleichen und mehr noch den Gewinn, den man daraus zu ziehen versucht ist, also die Einsparung von Arbeit, Engagement und Bewusstsein. Ertappe ich mich dabei, selbst in Routinen zu verfallen, also etwas unbewusst so zu machen, wie ich es eben schon gemacht habe oder gar wie ich es immer mache, dann erschrecke ich über mich selbst.

Denn meine Zuhörer, Kinder zumal, haben doch ein Recht aufs Einzigartige und Besondere. Manchmal ist es eine kleine Qual für mich zu spüren, dass ich vor zwei Stunden an genau dieser Textstelle genau so die Stimme gehoben oder verzögert habe. »Du bist *doch* eine Maschine!«, denke ich dann – und widerstehe anschließend der Versuchung, den Rest meines Leseprogramms einmal ganz anders zu betonen, ja komplett gegen den Strich zu lesen. Denn der Einzige in diesem Klassenzimmer, der hier eventuell langweilige oder beunruhigende Déjà-vus erleben könnte, bin ich; und um mich geht es bei dieser Veranstaltung ja nicht so sehr.

Durch solche Erfahrungen während meiner Schullesungen kann ich das alltägliche Dilemma des Unterrichts ein wenig erahnen. Einerseits geht es immer um einen Stoff und um Lernziele, die von höheren Instanzen vorgeschrieben wurden. Routine mag hier geboten sein, wenn es gilt, die Vorgaben einzuhalten und das Niveau zu kontrollieren. Andererseits erforderte der Unterricht eigentlich sehr viel individuelles Eingehen auf die so verschiedenen Gegenstände und die so verschiedenen Menschen. Wenn es das wesentliche Ziel des Deutschunterrichts ist, individuelle Menschen zum Selbstreden und Selbstdenken zu erziehen, dann ist Routine ein Fluch.

Wenn ich daher als Summe meiner Erfahrungen Schultheoretikern und Schulpolitikern eine Botschaft übermitteln dürfte, dann wäre es diese: Macht die Klassen kleiner! Sofort und radikal!

Es ist gut und richtig, wenn wir uns in den letzten Jahren nicht nur vor den Wahlen öffentlich Gedanken um unser Bildungssystem machen. Aber alle Diskussionen über Schulformen, Schulzeiten, Selektion und Curricula sind, Pardon, wohlfeiles Wolkenkuckucksheimgeplauder, solange nicht die notwendigsten Voraussetzungen für einen Unterricht geschaffen werden, der seine Ziele auch erreichen kann. Dreißig Schüler in egal welchem Unterricht egal welcher Schulform sind mindestens zehn zu viel. Ich habe bei meinen Lesungen alle Klassenstärken erlebt und halte es aus diesen Erfahrungen für ein Naturgesetz, dass man als Erstes den Unterrichtsaufwand durch die Zahl der Schüler in einer Klasse dividieren muss, um den Wert für die Obergrenze des Möglichen zu erhalten. Das ist eine sehr einfache Rechnung, aber sie muss meines Erachtens am Anfang aller Diskussionen über eine Verbesserung unseres Schulsystems stehen.

Leider ist es eine Rechnung, die sich in Wahlkampfprogrammen nicht gut macht. Denn zuständig sind hier nicht die Kultus-, sondern die Finanzminister, da es um eine dramatische Aufstockung des Etats geht. Ich fürchte daher, es wird einstweilen dabei bleiben, dass die Kulturpolitiker der Parteien weiterhin »grundlegende Reformen« fordern, während ihre Finanzpolitiker »eiserne Sparkurse« versprechen. Derweil sagt niemand laut genug, dass beides absolut nicht zusammengeht. Vielleicht fühlt sich ein in schulischen Angelegenheiten engagierter Kulturpolitiker auch unterfordert, wenn man ihm sagt, seine vorläufig wichtigste Aufgabe sei es, doppelt so viele Lehrer einzustellen und alle Schulbauten zu erweitern.

Aber genau das ist *meine* Forderung. Erst wenn das an Schulen sehr verbreitete Klima von Anspannung und Überforderung, hervorgerufen durch die schiere Quantität der Schüler, erheblich verbessert ist, erst dann können wir meines Erachtens sinnvoll über Systeme und Konzepte sprechen. Vorher nicht! –

Jetzt habe ich mich doch wieder ablenken lassen. Glücklicherweise hat es den Vorleser nicht aus der Bahn geworfen. Wir treten wieder zusammen und lesen den letzten Teil des Programms, der mitten in einer eher komischen Stelle schließt, oder besser gesagt: abbricht.

Einen Moment lang herrscht Schweigen, einen ziemlich langen Moment lang. Niemand will begreifen, dass ich mitten in dieser Szene tatsächlich Schluss mache. Ich schäme mich ein wenig. Vielleicht ist das ja ein billiger Trick, dieses »Aufhören, wenn es am schönsten ist«. Vielleicht ist es aber auch ganz gut, die jungen Zuhörer noch einmal daran zu erinnern, dass eine Lesung wie diese vor allem Anleitung, Aufforderung und Verführung zum Selbstlesen sein soll. Und wer wissen will, ob Konrad, Friederike und ihr Riesenkaninchen der Modeverkäuferin wirklich entkommen sind, der muss jetzt selbst etwas unternehmen und kann sich nicht neben seinem CD-Player zurücklehnen.

Entlassen bin ich für heute allerdings noch nicht. In aller Regel ist ausgemacht, dass ich für Fragen der Zuhörer zur Verfügung stehe. Auch hier ist nicht vorherzusehen, was geschehen wird. Ich habe zu Beginn einmal gesagt, Schulen seien Inseln. Ich möchte das korrigieren: Schulen sind Archipele, die Klassen sind die Inseln darin. Während eben noch die 7a sich darin übertroffen hat, mir besonders ausgefallene Fragen zu stellen, bekommt jetzt die 7b kaum den Mund auf. Auch aus den

Fragestunden lerne ich vor allem eines: wie verschieden Schulen und Schüler sind und wie falsch es daher ist, sie über einen Kamm zu scheren. (Hoffentlich hören die Schulpolitiker noch zu.)

Und lernen auch meine Zuhörer etwas bei diesen Fragestunden? Man kann das bezweifeln, wenn man nur nach den Themen urteilt, die hier anstehen. Über neunzig Prozent der Fragen stammen aus dem ewigen Schatzkästlein des naiven Kunstfreunds: »Wie viele Bücher haben Sie schon geschrieben?« »Woher beziehen Sie Ihre Ideen?« »Wollten Sie immer schon Schriftsteller werden?« Und natürlich der Klassiker: »Kann man vom Bücherschreiben leben?« Dergleichen birgt natürlich die Gefahr, zu Konversation und Smalltalk zu führen. Werden die Fragen, im Unterricht vorbereitet, gar von Zetteln abgelesen, die in der letzten Stunde schon zwischen den Fingern zerknittert und feuchtgepresst wurden, dann fürchte ich sogar, nicht einmal mehr Konversation, sondern nur noch pädagogische Folklore zu treiben, wenn ich darauf antworte.

Trotzdem mag ich die Fragestunden. Auch für sie gilt, was einmal der legendäre Werbespruch für Beton als Lebensweisheit vermittelte: »Es kommt drauf an, was man draus macht.« Wenn es eben geht, sorge ich dafür, dass sich die Fragestunden in ein möglichst offenes Gespräch verwandeln. Ich glaube, es ist sehr wichtig, die kleinen Klassen-Inseln gelegentlich von Menschen betreten zu lassen, die außerhalb des Archipels leben. Sie bringen ein anderes Sprechen mit als das Pädagogische, das auf der Insel herrscht, und sie sind möglicherweise in der Lage, die Gegenstände des Unterrichts ein wenig zu erden.

In den geisteswissenschaftlichen Fächern ist das von mindestens ebenso großer Bedeutung wie in den naturwissenschaftlichen. Ich bin mir mittlerweile sicher, es ist für Zehn- bis Dreizehnjährige eine besonders wichtige Erfahrung, quasi leiblich mit dem Umstand konfrontiert zu werden, dass ihre Schullektüren nicht allein aus dem Lesebuch stammen, sondern einen Ursprung und einen Sitz im Leben haben. Ich selbst habe mir die Vorstellung, dass literarische Texte nicht etwas schlichtweg Existierendes, sondern etwas Gemachtes sind, sehr langwierig und umständlich erwerben müssen. Noch während des Studiums waren sie für mich gewissermaßen ursprungslose und daher auch unberührbare Phänomene. Einer der Gründe, warum ich mich mit dem eigenen Schreiben so lange schwergetan habe, war sicher der: Da ich meine eigenen Texte als etwas Gemachtes erfuhr, mangelte es ihnen in meinen Augen an Aura.

Wer hingegen früh die Erfahrung machen kann, dass literarische Texte (und Texte überhaupt) von Menschen stammen, der findet womöglich einen leichteren Zugang zu ihnen, begreift sie als Resultate eines individuellen Ausdrucks in Sprache und damit zumindest prinzipiell als etwas, das man auch selbst hervorbringen könnte. Und das ist so wichtig! Ich wiederhole mich gern: Das Ziel des Deutschunterrichts ist nicht die Ausbildung des literaturwissenschaftlichen Nachwuchses. Es geht ums

Sprechenlernen. Und Literatur sollte nicht deswegen der wichtigste Gegenstand des Deutschunterrichts sein, weil sie ein vornehmes Kulturgut ist, das man sich draufschaffen muss, wenn man mitreden will, sondern weil sie das allerbeste Beispiel für gelingendes Sprechen ist.

Und genau dies kann ich zu vermitteln versuchen, wenn ich mich in den Fragestunden unprätentiös, aber auch nicht bloß »locker«, als der präsentiere, der den eben vorgelesenen Text nicht in irgendeinem Geheimverfahren produziert, sondern ihn via Tastatur auf einen Datenträger *gesprochen* hat. Gerade indem ich ein wenig Konversation mache, kann ich den Umstand verkörpern, dass jeder Autor zunächst einmal wie alle anderen Menschen ein Sprecher ist. Und seine Literatur der Niederschlag seines durchdachten Sprechens.

Was noch folgt, sind Autogramme, oft auf Zetteln, die mit fliegenden Fingern aus dem Rechenheft gerissen werden. Gerne schreibe ich den Namen des Adressaten dazu, auch wenn er mir dann umständlich buchstabiert werden muss. Wer kennt schon alle Vornamen auf dieser Welt in ihrer korrekten Schreibung. Ein letztes Mal die Konfrontation mit dem Umstand, wie inhomogen das Phänomen Schule heute ist. Und ein letzter, besonders deutlicher Hinweis darauf, wie wichtig das Einheit stiftende Moment der Sprache!

Schließlich der Abschied von den Lehrerinnen. Die in fast allen Fällen ernst gemeinte Versicherung meinerseits, gerne wiederzukommen, wenn man mich noch einmal einlädt. Der Weg zum Auto, den Mantel über dem

Arm; erleichtert. Das Lesungsexemplar, dessen Rücken so lange in meiner feuchten Hand gelegen hat, dass die Schrift darauf teilweise verschwunden ist, verstaue ich im Handschuhfach. Zwei kurze Berührungen, und das Navigationsgerät berechnet die Route zum Heimatort.

Es kann keinen Zweifel daran geben, dass ich den schönsten Beruf der Welt habe.

Blixa Bargeld Europa kreuzweise Eine Litanei

Was heißt es zwei Monate nonstop auf einer Konzert-Tournee zu sein? Blixa Bargeld schildert eindrücklich die Monotonie der Bewegung unterbrochen Restaurant-Erkundungen, Lektüre und Begegnungen. Erfrischend unsentimental und trocken.

Die Litanei zischt wie eine frisch aufgerissene Dose Aldi-Bier.
Deutschlandradio Kultur

Mit knappen, genauen Sätzen, locker dahergeplauderten Gedankenfetzen, kleinen Rückblenden, sorgfältigen Abschriften von Menükarten, Songlisten oder aufgeschnappten Anschriften führt uns dieser Text durch bekannte Städte in halb Europa.
NZZ am Sonntag

Es ist ein Tourtagebuch der anderen Art, leise und doch voll Reiz.
Concerto

Die misanthropische Art des trinkfreudigen ›Forschungsreisenden ohne Auftrag, Fachgebiet und Reiseziel‹ entwickelt einen regelrechten Sog und lässt einen immer wieder schmunzeln.
Falter

autorinresidenz